MEIN KAIRO –

Erinnerungen an eine
Kindheit am Nil

COLETTE ROSSANT

MEIN KAIRO –

Erinnerungen an eine Kindheit am Nil

Übersetzt aus dem Englischen
von Christine Strüh

SCHERZ

Für meine Enkelkinder
Matthew, Julien und Celine
und diejenigen, die noch nicht geboren sind.

Die Originalausgabe erschien unter dem Titel
«Memories of a Lost Egypt» bei Clarkson Potter, New York.

Erste Auflage 2002

Umschlaggestaltung: Gundula Hißmann, Hamburg
Umschlagbild (Nil): Paul Almasy/akg-images, Berlin
Umschlagbild (Kinder): © Colette Rossant

INHALT

1
MEINE MUTTER

ICH schäle Shrimps für meine Mutter, aber höchstwahrscheinlich wird sie sich weigern, sie zu essen. Von dem Essen hier im Mother-Cabrini-Hospiz, wo sie krebskrank im Sterben liegt, mag sie aber auch nichts zu sich nehmen. Vor drei Monaten haben die Ärzte ihr noch drei Monate gegeben; mir ist sonnenklar, dass sie noch nicht vor hat zu sterben, es scheint, als klammerte sie sich trotzig ans Leben, als wollte sie jemandem etwas heimzahlen. Die ganze Zeit über klagt sie mit weinerlicher Stimme auf Französisch, vor allem, wenn jemand vom Pflegepersonal in der Nähe ist. Jedes Mal, wenn meine Mutter gefragt wird, was sie essen möchte, antwortet sie: «Chinesische Shrimps mit Gemüse» – als wäre sie in Chinatown. Endlich habe ich die Zeit gefunden, dieses Fantasiegericht in meiner eigenen Küche zuzubereiten, fest davon überzeugt, dass die fettige Variante aus einem Restaurant sie umbringen wird. Aber vielleicht hätte ich doch etwas zum Mitnehmen bestellen sollen.

Ich besuche meine Mutter jeden Nachmittag. Für gewöhnlich schläft sie, wenn ich hereinkomme, oder tut zumindest so. Der Fernseher läuft ständig, aber ohne Ton. Sie liegt ganz still, das Gesicht zum Bildschirm gewandt, die Augen geschlossen. Ihre Gesichtshaut ist straff gespannt und ihr Kopf sieht aus wie ein Totenschädel mit einer überdimensionalen Stirn, die Haare streng nach hinten gekämmt. Ich sitze auf einem Stuhl mit braunem Ledersitz und warte, dass sie aufwacht. Ihre Hände mit den perfekt manikürten Nägeln liegen neben ihren Oberschenkeln. Auf ihre langfingrigen, eleganten Hände war sie immer sehr stolz. An meinen sieht man die Spuren von Waschen, Kochen und Gartenarbeit: kurze, unregelmäßige Nägel, geschwollene Gelenke, breite Nagelhautmonde. Früher war ich immer schrecklich neidisch auf ihre Hände, aber jetzt habe ich mich durch meine drei Töchter gerächt: Sie haben wunderschöne Hände. Die haitianische Schwester kommt herein, um nach meiner Mutter zu sehen, kontrolliert ihren Atem und geht wieder. Wenn meine Mutter wach ist, erzählt sie mir – auf Französisch –, wie vulgär sie die Fingernägel der Schwester findet, die sehr lang sind, mit raffinierten Mustern und Glitzer verziert. Einmal pro Woche bringe ich der Schwester Pralinen mit, um mein Gewissen zu beruhigen und sicherzustellen, dass sie sich nicht unter dem Deckmäntelchen irgendwelcher Pflegemaßnahmen an meiner Mutter rächt.

Meine Mutter wacht auf und sieht mich an, schweigend und ohne ein Lächeln.

«Ich hab dir chinesische Shrimps mitgebracht. Möchtest du sie probieren?», frage ich sie. Aber sie starrt mich nur weiter wortlos an.

«Wie viel Uhr ist es?», fragt sie ein paar Minuten später plötzlich.

«Halb sechs. Möchtest du versuchen, etwas zu essen? Die Shrimps? Sie sind noch warm.» Mit ärgerlich verzogenen Mundwinkeln schnarrt sie: «Ich habe keinen Hunger. Ich esse später.»

Oft schweigen wir uns sehr lange an. Wir sprechen nie über wichtige Dinge: über Gott, über die Liebe, über meinen Vater, über ihr Leben ohne uns, darüber, wie sie meinen Stiefvater kennen gelernt hat – und wie er vor ein paar Jahren gestorben ist – oder warum sie zum katholischen Glauben übergetreten ist, obwohl sie jüdisch erzogen wurde. Mein Vater ist in Assuan gestorben, als ich sechs Jahre alt war. Ich erinnere mich nur verschwommen an ihn.

Meine Mutter spricht nie von ihm, und auch ich vermeide das Thema, weil ich aus Erfahrung weiß, dass es nichts bringt, wenn wir uns darüber unterhalten. Ich weiß nicht, warum. Als mein Vater starb, brachte meine Mutter mich für vier Jahre bei meinen ägyptischen Großeltern unter. Ich wusste nie genau, was sie wirklich für mich empfand, und bis heute bin ich mir nicht sicher. Als wir nach dem Krieg nach Paris zurückkehrten, ließ sie mich wieder allein, diesmal bei ihrer Mutter, und ich sah sie erst wieder, als ich zwanzig war. Später zog ich mit meinem Mann in die Vereinigten Staaten, und sie wollte uns nach New York folgen. Vermutlich fühlte sie sich einsam und glaubte, wir würden uns anfreunden und ich würde sie an meinem Leben teilhaben lassen. Doch so weit kam es nie. Ich sorgte dafür, dass sie in der Nähe wohnte, aber nicht im selben Haus. Zwar haben wir immer so getan, als würden wir uns lieben, aber inzwischen habe ich mir eine Welt aus Erinnerungen aufgebaut, in denen meine Mutter nicht vorkommt. Und ich möchte, dass es so bleibt.

Es ist sechs Uhr – Zeit für den Besuch von Pater Paul. Lächelnd kommt er zur Tür herein. «Wie geht es meinem Mädchen denn heute?» Meine Mutter strahlt, ein bisschen kokett sogar, und antwortet, es gehe ihr gut. Vielleicht will sie jetzt etwas essen. Als der Priester wieder geht, flehe ich sie an: «Möchtest du die Shrimps nicht wenigstens probieren? Wenn du sie jetzt nicht isst, werden sie kalt.» Sie versucht einen, dann noch einen, und schließlich lächelt sie wie ein Kind, das endlich seinen Willen bekommen hat. «Sie sind gut, aber nicht chinesisch», stellt sie dann aber vorwurfsvoll fest, schiebt den Teller weg und schließt die Augen. Sie döst ein, ich warte und blättere in dem dicken Fotoalbum, das neben ihrem Bett liegt. Es enthält eine Menge Bilder – in verblichenen Grautönen – von meiner Mutter, als sie jung war. Am Strand … in einem Kabriolett … bei ihrer Hochzeit. Ich betrachte ihren üppigen, hoch gewachsenen Körper in einem langen, weißen Seidenkleid mit wallendem Schleier; in der Hand hält sie ein schweres, kaskadenartiges Bouquet. Mein Vater ist größer als sie, dunkel und gut aussehend wie ein arabischer Prinz. Es gibt Bilder von ihrer Hochzeitsreise nach Venedig, dann in Paris auf ihrem Balkon. Dann Seite um Seite mit Fotos von meinem Bruder, von mir dagegen nur wenige. Ich in Kairo, im Haus meiner Großeltern. Mein Bruder und ich auf einer weißen viktorianischen Couch mit vergoldetem Rahmen. Ich bin ein süßes kleines Mädchen mit lockigen Haaren und einem schüchternen Lächeln. Mir wird warm ums Herz, wenn ich die Bilder betrachte, und ich empfinde eine große Zärtlichkeit für dieses Kind.

Doch die seltsam tiefe Stimme meiner Mutter reißt mich aus meinen Gedanken, holt mich zurück von dieser

Reise, vor der ich immer Angst hatte. «Ich war schön», sagt sie, als wäre sie die ganze Zeit über wach gewesen. Sie war wirklich schön gewesen, mit ihren üppigen Kurven und ihrem dichten kastanienbraunen Haar, mit den großen, phlegmatischen Händen. Wenn sie mich in die Arme nahm und meinen kleinen Mädchenkörper an sich drückte, musste ich immer daran denken, wie sie mich einmal – was selten vorkam – zum Einkaufen mitgenommen hatte, eine Tätigkeit, die für gewöhnlich meine Gouvernante oder der Koch erledigte. Damals war ich vier Jahre alt, und während meine Mutter irgendetwas bestellte, fiel mein neugieriger Blick auf einen riesigen Berg süßer Butter. Plötzlich überkam mich der unwiderstehliche Drang, meine Hände darin zu vergraben. Es sah so wunderbar aus, es roch so gut, ich konnte mich einfach nicht beherrschen. Die Verkäuferin kreischte, meine Mutter versetzte mir eine Ohrfeige, und schon wurden meine Finger unsanft aus dem gelben Berg gezogen. Als ich versuchte, die Butter abzulecken, hielt mir meine Mutter die Hände fest, wischte sie ab, entschuldigte sich bei der Verkäuferin, bezahlte den Schaden und schleifte mich aus dem Laden. Es war das letzte Mal, dass sie mich zum Einkaufen mitnahm, aber von diesem Tag an erinnerten mich ihre Umarmungen immer an diesen großen Butterberg – nur roch meine Mutter nicht ganz so angenehm. Sie benutzte ein schweres Nelkenparfüm, das mir den Magen umdrehte. «Du riechst scheußlich», sagte ich immer und stieß sie weg. «Na gut, aber du stinkst dafür nach Knoblauch», entgegnete meine Mutter. Und das stimmte tatsächlich, denn ich aß für mein Leben gern in Knoblauchmarinade getunktes Baguette. Georgette, die Köchin meiner Großmutter, bereitete die

Marinade aus Olivenöl, zerdrücktem Knoblauch, Salz und Pfeffer oft an Stelle des traditionellen Schokoladengebäcks für mich zu, das die meisten französischen Kinder so lieben.

Als wir das Zimmer betreten, ruft Thomas mit lauter Stimme: «Hallo Grandma, sieh mal, was ich dir mitgebracht habe. *Semits*, die isst du doch so gerne – hier, probier ein Stück!» Lächelnd blickt meine Mutter auf und begrüßt meinen Sohn herzlich. Gehorsam nimmt sie ein kleines Stück von dem Gebäck entgegen, kaut und schluckt mühsam. «Zwing deiner Großmutter nichts auf», sage ich, «und gib ihr wenigstens was zu trinken dazu.» Doch die beiden ignorieren mich erfolgreich. Thomas schlendert um das Bett herum, dabei plaudert er munter und erzählt von seiner Freundin, die er heiraten möchte. «Sieh zu, dass du bald wieder gesund wirst, Grandma … du musst unbedingt zur Hochzeit kommen.»

Wieder sitze ich im Sessel und betrachte das Fotoalbum. Auf einem Bild sieht man mich in Paris, mit einem großen Schal um den Hals: Aus dem verschnörkelten Muster blicken große Augen, betont von dichten schwarzen Wimpern. Ich muss ungefähr vier Jahre alt gewesen sein, als wir in der großen Pariser Wohnung beim Parc Monceau gewohnt haben. Mein Vater war der europäische Einkäufer für das große Warenhaus, das sein Vater in Kairo führte. Um meinen Bruder und mich kümmerte sich eine schweizerische Gouvernante namens Marie-Louise.

Als ich zwei war, wurde mein Vater krank und meine Mutter beschloss, dass ich eine Weile bei ihren Eltern in der Avenue de la Grande Armée wohnen sollte, in der Nähe des Place de l'Etoile. Mein Vater brauchte intensive

SEMITS

Semits sind weiche Hefeteigringe, die eine knusprige, mit Sesam bestreute Kruste haben. In den Straßen von Kairo werden sie in großen Körben verkauft.

1¼ Tassen Milch in einem Topf erhitzen, aber nicht kochen. Eine ¾ Tasse Wasser, 2 Esslöffel Schmalz, 2 Esslöffel Butter, 2½ Esslöffel Zucker und 1 Esslöffel Salz hinzufügen. Gut vermengen und kalt stellen.

25 g Trockenhefe in ½ Tasse Wasser auflösen, dazu eine Prise Salz geben. Wenn die Hefe Blasen wirft, in die Schüssel mit der Milchmischung geben. 7 Tassen Mehl hinzufügen und alles mit einem Holzlöffel vorsichtig umrühren, bis ein weicher Teig entsteht, der sich von der Schüssel löst. Zu einer Kugel formen, in Folie packen und 10 Minuten ruhen lassen.

Auf einem bemehlten Brett den Teig etwa 15 Minuten kneten, bis er glatt und elastisch ist, dann in vier Teile teilen. Jeden Teil zu einem 2 cm dicken Ring mit etwa 10 cm Durchmesser formen. 1 Ei mit 2 Esslöffeln Wasser verquirlen, eine Schale mit 2 Tassen Sesam vorbereiten. Ringe erst in die Eimischung, dann in die Sesamkörner tauchen.

Backblech einfetten, Ringe darauf setzen, mit einem leichten Tuch bedecken und an einen warmen Ort ohne Zugluft stellen, bis sie zur doppelten Größe aufgegangen sind.

Im vorgeheizten Ofen bei 230 °C 10 Minuten backen. Dann die Hitze auf 175° herunterstellen und weitere 20 Minuten backen, bis die Teigringe goldbraun sind.

Pflege und viel Ruhe, und meine Mutter erzählte ihren Eltern immer, ich wäre schrecklich laut. Ich hatte eigentlich nichts dagegen, bei meinen Großeltern zu sein, ich mochte die Wohnung mit dem langen Korridor, der von der Eingangshalle in die Küche führte. Dort lernte ich Rollschuh laufen, und Georgette, die altjüngferliche Köchin, die in der Küche regierte, hatte mich immer gern um sich. Ich sehe ihre schlanke Gestalt noch vor mir, wie sie sich, einen Holzlöffel in der Hand, über die schweren Töpfe beugte, wie sie die Saucen probierte, Kartoffeln schälte oder Schalotten fürs Abendessen klein schnitt. Ich sauste auf meinen Rollschuhen in die Küche, kletterte auf einen Hocker und sah ihr beim Kochen zu. Leider bekam meine Großmutter allzu oft mit, wo ich mich gerade aufhielt, und nötigte mich, die Küche zu verlassen: «Ein Mädchen aus gutem Hause (*une jeune fille de bonne famille)* treibt sich nicht in der Küche herum!»

Danach versuchte ich es im Salon und schaute aus den Fenstern, die auf die Avenue hinausgingen. Der Salon war ausgestattet mit einer Louis-XVI-Couch und passenden Sesseln, wunderschönen Tiffanylampen auf Intarsientischen sowie mit einem reich verzierten Kronleuchter. In einer Ecke stand ein Flügel, unter dem ich mich oft versteckte und der mit einem sehr großen ägyptischen Schal bedeckt war – vielleicht ein Geschenk von meinen ägyptischen Großeltern. Manchmal wickelte ich mich darin ein, verhüllte halb mein Gesicht und verkündete, ich sei die Königin von Ägypten. Meine Großmutter regte sich furchtbar darüber auf. «Lass das!», schrie sie dann. «Du bist keine Ägypterin, du bist Französin!» Wenn ich mir das Foto, das auf unserer ersten Reise nach Kairo gemacht wurde, als ich gerade vier Jahre alt war, genau anschaue, finde ich, dass ich tatsächlich ägyptisch ausgesehen habe.

Manchmal nahm Georgette mich mit auf den Markt. Vor einem Stand mit frischen Kräutern blieb sie jedes Mal stehen – Thymian, Majoran, Estragon. Dann nahm sie ein, zwei Blättchen zwischen die Finger und schnupperte daran. «Mmmm … das duftet! Riech mal, Colette.» Und ich roch und schnüffelte und gab ihr Recht.

Mein Lieblingstag war der Muscheltag. Das ganze Haus roch nach in Butter brutzelndem Knoblauch und Petersilie. Ich wartete in der Küche, bis das Mittagessen endlich fertig war, aber meine Großmutter wurde ärgerlich. «Du riechst nach Küche! Raus mit dir!», sagte sie voller Ekel.

Mir war Grandpère James lieber als meine Großmutter. Er war kleiner als seine Frau und hatte ein rundes Bäuchlein. Er trug einen Zwicker, wodurch er aussah wie ein

MIESMUSCHELN MARINIÈRE

2 Esslöffel Butter in einem großen Topf schmelzen. ½ Tasse gehackte Petersilie und 3 klein geschnittene Knoblauchzehen hineingeben, Salz und Pfeffer nach Geschmack, dann 2 Pfund Miesmuscheln (entbartet und gut geputzt) und eine Tasse Weißwein hinzufügen. Bedecken und bei Mittelhitze kochen, dabei den Topf immer wieder schütteln, etwa 10 Minuten oder bis die Muscheln sich geöffnet haben.

Die Muscheln auf vier Suppenteller verteilen. Die Flüssigkeit durchseihen und über die Muscheln gießen. Mit französischem Baguette servieren.

strenger Lehrer, was jedoch überhaupt nicht seinem Naturell entsprach. Mein Großvater liebte alles Englische. Jahre später erfuhr ich, dass er mit achtzehn seinen Vornamen in James und seinen Nachnamen in Bémant hatte ändern lassen. Ich habe nie herausgefunden, wie er wirklich hieß. Wenn er sich über etwas aufregte, merkte man das immer daran, dass er den Zwicker mehrmals abnahm und ihn mit seinem Taschentuch putzte. Er war Zahnarzt und hatte mit der Erfindung eines speziellen Stahls für die Zahnmedizin ein Vermögen gemacht.

Jeden Samstag ging er mit mir im Park spazieren und danach genossen wir in einem *Salon de thé* Kuchen und heiße Schokolade. Mein Großvater aß für sein Leben gern. Er hatte zugenommen, und der Teesalon war unser kleines Geheimnis, von dem meine Großmutter nichts erfahren durfte. Mir schmeckte Kuchen nie besonders, aber ich sagte nichts, weil ich meinen Großvater nicht enttäuschen wollte. Ich bestellte seinen Lieblingskuchen, nahm einen Bissen davon, verkündete, ich sei eigentlich gar nicht hungrig, und dann aß mein Großvater sein eigenes und mein Stück auf. Hand in Hand wanderten wir nach Hause zurück, zufrieden mit uns, weil wir meine Großmutter wieder einmal an der Nase herumgeführt hatten.

Großmutter Rose war das genaue Gegenteil von James. Sie war groß – wie meine Mutter – mit einem ausladenden Busen und einer sehr schmalen Taille. Vom Kinn bis zu den Oberschenkeln war sie eng in ein Korsett geschnürt. Ich lag gern auf ihrem Bett und sah ihr beim Ankleiden zu, fasziniert von ihrem Korsett mit den Hunderten von Ösen, durch die man die Bänder fädelte. Währenddessen überhäufte sie mich mit Lebensweisheiten, als stünde ich kurz davor zu heiraten: «Zieh dich nie vor deinem Ehemann aus; das muss dein Geheimnis bleiben.» Oder: «Sorg dafür, dass du immer hübsch aussiehst, auch in der Küche.» Obgleich ich ihre klugen Ratschläge nicht verstand, lauschte ich aufmerksam, denn das war die einzige Zeit, in der sie mir Beachtung schenkte.

Gelegentlich ging Großmutter mit meinem Bruder und mir in den Park. Dann trug sie immer einen großen Hut, verziert mit Blumen oder Vögeln, die bereit zum Abflug zu sein schienen; eine *Voilette* versteckte ihr Gesicht. Manchmal folgten ihr Männer auf der Straße und murmelten Dinge, die ich nicht verstand, ihr aber offensichtlich gefielen. Ich versuchte herauszufinden, was oder wer sie so zum Lächeln brachte, aber sie beschleunigte nur ihre Schritte und sagte: «Beeilen wir uns, sonst kommen wir noch zu spät zum Tee; und dreh dich bitte nicht um!»

Es klopft an der Tür und herein tritt die Schwester mit einem Tablett. «Abendessen!», ruft sie fröhlich. Ich sehe meine Mutter an, die ein hinterhältiges Gesicht macht, und fürchte schon, dass sie etwas Gemeines zu der jungen Frau sagen wird. Aber mein Sohn ist rechtzeitig zur Stelle. «Essen wir was. Möchtest du mit der Suppe anfangen?» Er füttert ihr ein, zwei Löffel und meine Mutter isst sie, ihm zuliebe. Ich sehe ihr an, dass sie sehr müde ist; sie hat die Augen geschlossen. Jetzt wirkt sogar mein Sohn besorgt. Er versucht, mit ihr ins Gespräch zu kommen, aber sie antwortet nicht. Thomas ist beunruhigt, beugt sich über meine Mutter und sagt leise: «Wir gehen jetzt, Grandma. Bis nächste Woche.» Sie lächelt müde und wendet ihm den Kopf zu, damit er sie küssen kann. Während ich im Auto auf ihn warte, sehe ich mich selbst mit fünf Jahren, wie ich mich vor meiner Abreise nach Ägypten von meinem Großvater James verabschiedete und mich beim Gedanken, ihn zu verlassen, völlig verloren fühlte.

In jenem Sommer begleiteten mein Bruder und ich unsere Großeltern nach Biarritz, wo sie ein Haus mit einem riesigen Garten besaßen. Mein Vater musste sich in Genf einer Operation unterziehen und wir sollten uns später in Südfrankreich mit meinen Eltern treffen.

Georgette liebte Biarritz, den Ferienort am Atlantik, wo sie alle ihre Lieblingsgerichte zubereiten konnte, weil meine Großeltern am Wochenende oft viele Gäste hatten. Wir speisten an langen Holztischen im Garten. Stundenlang zogen sich die Mahlzeiten hin, und ich musste warten, bis Großmutter Rose mir zunickte; erst dann durfte ich den Tisch verlassen und zu Georgette in die Küche laufen. Dieser Sommer war der einzige, in dem mir Großmutter Rose erlaubte, mich in der Küche aufzuhalten. Ich saß auf einem Hocker und sah Georgette zu, wie sie Tomatensalat machte. Dafür legte sie reife Tomaten in eine Schüssel mit kochendem Wasser, wartete ein paar Minuten, schreckte sie dann unter kaltem Wasser ab und zeigte mir, wie leicht sich die Schale ablösen ließ. Manchmal half ich ihr; ich durfte die Kräuter vorbereiten, beim Estragon, beim Salbei und bei der Petersilie die Blätter vom Stängel schneiden. Mein Liebling war Kerbel, den Georgette im Kopfsalat benutzte.

Aber am schönsten war es, wenn Georgette Hühnersuppe kochte. Wir gingen zusammen zum Fleischer und Georgette fragte ihn nach Markknochen. «*Pour la petite*», sagte sie immer und deutete auf mich. Wenn die Suppe fertig war, fischte sie einen Markknochen aus dem Topf,

TOMATENSALAT I

Einen Topf Wasser zum Kochen bringen. Den Topf vom Herd nehmen und 5 große reife Tomaten in das Wasser legen. Nach 3 Minuten wieder herausnehmen und unter kaltes Wasser halten. Die Haut abziehen.

In einer großen Schüssel 2 Schalotten und 1 Knoblauchzehe (beide geschält und klein geschnitten) mit 2 Esslöffeln Olivenöl und 1 Esslöffel Zitronensaft vermischen. Nach Geschmack mit Pfeffer und Salz würzen. Die Tomaten in Scheiben schneiden und in die Schüssel geben. Gut durchrühren, mit 1 Esslöffel klein gehacktem Estragon oder frischem Kerbel bestreuen, bei Zimmertemperatur servieren. Ergibt 4 bis 6 Portionen.

holte mit einem kleinen Löffel das Mark heraus, legte es auf ein Stück Baguette, streute Salz darüber und gab es mir. Die warme, leicht gallertartige Masse glitt meine Kehle hinab, der starke, fleischige Geschmack füllte meinen Mund. Die übrigen Markknochen wurden beim Essen mit Zwiebel-Confit gereicht. Wenn Großmutter Rose uns erwischte, bekamen wir Ärger. «Das Mädchen wird dick! So was ist nicht gut für ein Kind!»

Dann kam die Nachricht, dass mein Vater einen Schlaganfall erlitten hatte, er war paralysiert und blind. So fuhren wir alle zurück nach Paris. Damals verstand ich nicht genau, was paralysiert bedeutete, und mein Bruder, der zwei Jahre älter war als ich, erklärte mir, dass mein Vater sich nicht mehr bewegen, überhaupt nicht mehr laufen

MARKKNOCHEN MIT ZWIEBEL-CONFIT

6 Rinder-Markknochen unter kaltem Wasser waschen. In einem großen Topf 8 Tassen Hühnerbrühe erhitzen. 2 Nelken in eine Zwiebel stecken, eine Karotte und eine Stange Sellerie in 2 cm große Stücke schneiden und alles zusammen in die Brühe geben. 15 Minuten köcheln lassen. Die Markknochen hinzufügen und weitere 20 Minuten köcheln. Dann die Markknochen mit einem Bratenwender herausholen und im vorgeheizten Backofen bei 230 °C etwa 15 Minuten backen, bis sie goldbraun sind.

Die Knochen einzeln auf Teller verteilen, 1 Teelöffel grobes Salz dazugeben. Mit Zwiebel-Confit garnieren.

Für das Zwiebel-Confit 6 große Zwiebeln schälen und in dünne Scheiben schneiden. In einem großen Topf 3 Esslöffel Butter schmelzen, die Zwiebeln hineingeben und bei mittlerer Hitze dünsten, dabei immer wieder mit einem Holzlöffel umrühren, bis die Zwiebeln goldbraun sind. ½ Tasse Rotwein hinzufügen, Salz und Pfeffer nach Geschmack, dann die Hitze reduzieren und zugedeckt 40 Minuten köcheln lassen. Dabei gelegentlich umrühren. Wenn die Zwiebeln am Topfboden anzuhaften beginnen, mit ¼ Tasse der Markknochenbrühe aufgießen. Ergibt etwa 6 Portionen.

konnte. Alle mussten sich von nun an um ihn kümmern, und ich sollte immer lieb und brav sein. Einige Wochen darauf reiste die ganze Familie in Begleitung eines Pflegers und unserer Gouvernante auf Veranlassung meines ägyptischen Großvaters nach Ägypten.

Als Thomas zu mir ins Auto steigt, macht er einen traurigen und bekümmerten Eindruck. «Sie sieht schlecht aus … Aber ich kann erst nächsten Donnerstag wieder kommen. Meinst du, das ist okay?» Ich antworte nicht, weil ich noch im Bann meiner Erinnerungen stehe und mich von meinem Großvater James verabschiede. Das muss 1937 gewesen sein. Er nahm mich in den Arm und flüsterte mir ins Ohr, dass wir uns im nächsten Sommer wieder sehen würden. «Bis nächste Woche», sagte ich immer wieder, und er drückte mich fest an sich. Es war das letzte Mal. Zwei Jahre darauf wurde der Krieg erklärt und mein Großvater starb, ehe meine Mutter mich nach Paris zurückbrachte.

Thomas unterbricht meine Träumerei. «Sie liegt im Sterben», sagt er traurig. Wir fahren schweigend weiter. Morgen muss ich mit dem Arzt sprechen.

Ich komme zu spät. Die haitianische Schwester nimmt mich beiseite und flüstert, dass meine Mutter nicht mehr lange leben wird. Kann sie irgendetwas für mich tun? Ich schüttle den Kopf und betrete das Zimmer. Die Augen meiner Mutter sind geschlossen, sie nimmt mich nicht mehr richtig wahr. Ich setze mich an meinen üblichen Platz und warte. Ihre Hände liegen regungslos auf der weißen Decke, sie haben große dunkelrote Flecken von den Infusionen. Mir ist schleierhaft, wie man eine Nadel in diese Hand stechen kann – ihre Haut ist durchsichtig wie Pergament. Ich nehme die Hand und drücke sie, aber es kommt keine Reaktion. Heute möchte ich nicht bleiben. Ich gehe, sage der Schwester aber, dass ich morgen früh wieder komme. Um elf Uhr in der Nacht klingelt das Telefon. Es ist die Krankenschwester. Meine Mutter ist vor einer halben Stunde gestorben.

Mit Marianne, meiner ältesten Tochter, fahre ich zum Hospiz. Noch einmal sitze ich im Sessel und betrachte meine Mutter. Sie sieht sehr friedlich aus, die Augen geschlossen, ein leichtes Lächeln auf den Lippen. Ich blicke mich im Zimmer um. Nur wenige persönliche Dinge sind hier: ihr Kulturbeutel, ihr Messbuch. Das Fotoalbum. Mit Erleichterung denke ich daran, dass ich nicht mehr hierher zurückkommen muss. Ich teile der Schwester mit, dass das Bestattungsinstitut sich um alles kümmern wird. Meine Mutter hat sich gewünscht, dass sie verbrannt und ihre Asche ins Meer gestreut wird. Zwar weiß ich nicht, wie oder wo ich das machen soll, aber ich werde schon eine Möglichkeit finden. Wenn diese letzte Aufgabe bewältigt ist, kann ich mich endlich frei fühlen.

2

DAS HAUS

MEINE Gouvernante Marie-Louise, die ich Malou nannte, hatte soeben meine Locken gebändigt, als wir im Frühling 1937 in Alexandria anlegten. Malou, in ihrer blau-weißen Schwesternuniform, die Haare unter einem weißen Häubchen verborgen, hielt meine Hand sehr fest, während wir über die Gangway schritten. Dann deutete sie plötzlich auf einen großen, weißhaarigen Mann, der uns vom Dock unten fieberhaft zuwinkte. «Das ist dein Großvater Vita», erklärte sie mir. «Wink zurück!» Ich hüpfte auf und ab, wollte zu ihm laufen, aber Malou ermahnte mich mit strenger Stimme. Als wir halbwegs unten waren, hörte ich eine Stimme rufen: *«Semit! … Semit! … Semit! …»* Der Ruf kam von einem Jungen in einem schmutzig grauen Gewand; sein Gesicht war unter einem großen, mit Sesamringen gefüllten Korb verborgen, den er auf dem Kopf trug. «Ich möchte einen! Ich möchte einen!», rief ich. Aber Malou schüttelte heftig den Kopf und sagte leise: «Niemals! Das ist ja ekelhaft … dieser Schmutz!» Doch dann wurde ich auf einmal hochgehoben, leidenschaftlich umarmt und bekam von dem weißhaarigen Fremden, den

Malou mir vorhin gezeigt hatte, einen *Semit* in die Hand gedrückt. Ich hatte Recht gehabt, sie probieren zu wollen: Das Gebäck war warm, süß und knusprig wie frisches Baguette, reichlich bestreut mit geröstetem Sesam, der unter meinen Zähnen knackte. Mein Großvater lachte über meine Begeisterung, nahm mich bei der Hand und führte mich zum Ausgang, gefolgt von einer stirnrunzelnden Malou. Nach einer vierstündigen Reise durch die Wüste gelangten wir nach Kairo.

Vom ersten Augenblick an war Malou in Kairo unglücklich. Die Hitze setzte ihr zu, das Essen schmeckte ihr nicht. Es sei zu fettig, klagte sie, nichts war wirklich sauber, im Haushalt herrschte keine Disziplin. Außerdem regte sie sich darüber auf, dass meine Großmutter Marguerite sich um mich kümmerte, während meine Mutter und mein Vater sich eingewöhnten. Vier Wochen nach unserer Ankunft verkündete Malou, sie wolle in die Schweiz zurückkehren, und verließ Ägypten ohne Bedauern.

Meine Großeltern wohnten in der Garden City, einer Gegend mit kurvigen Straßen, gesäumt von riesigen Villen in üppigen Gärten, ein Wohngebiet für die wohlhabenden Ägypter, jüdische Kaufleute aus Europa und ausländische Botschafter aus dem neunzehnten Jahrhundert. Unser Haus, erbaut in den 1890ern von meinem Urgroßvater, lag einen Häuserblock vom Nil entfernt. Es war ein solides Gebäude im französischen Mittelmeerstil. Das Erdgeschoss bestand aus mit Bossenwerk verziertem Kalkstein, die oberen Stockwerke aus glatten Kalksteinblöcken mit umlaufenden Balkonen und großen Glastüren. Im Erdgeschoss führten die Glastüren auf eine große Terrasse an einer ruhigen Straße hinaus. Der Vorgarten war durch einen schmiedeeisernen Zaun von der Straße abgetrennt; er war verziert mit zwei Rücken an Rücken stehenden Ps aus Messing, die den Namen Palacci symbolisierten, einen sephardisch-spanischen Namen mit der Bedeutung «zum Palast gehörig». Mohammed, der Wächter, polierte die Buchstaben regelmäßig, bis sie glänzten.

Hinter dem Zaun schützten große Büsche und Bäume den flachen Vorgarten und verbargen die Terrasse vor den Blicken der Vorübergehenden. Weil die dicke Steinbalustrade zu hoch für mich war, um in den Garten zu sehen, gewöhnte ich es mir an, den Kopf zwischen den dicken Pfosten hindurchzuzwängen, bis ich eines Tages stecken blieb. Ich weiß noch, dass mir mein Großvater dafür eine üble Tracht Prügel verpasste. Bis heute erinnere ich mich an den Vorfall, denn ich hatte große Angst, den Kopf nicht mehr herauszubekommen. Obendrein war ich noch nie so streng bestraft worden. Noch Tage später tat mir der Kopf weh.

Auf der Terrasse standen eine Rattancouch und ein paar Sessel; hier fand sich die Familie jeden Abend zusammen. An der Gartenmauer wuchs eine Jasminranke und verströmte ihren betäubenden Duft über die Terrasse. Violette und rote Bougainvilleen gediehen in den verschnörkelten Tontöpfen an der Hausmauer, und ein stattlicher Mangobaum, der uns am Spätnachmittag höchst willkommenen Schatten spendete, beherrschte den Garten. An meinem ersten Tag in Kairo führte mich Grandpère Vita zu dem Baum und erklärte mir, dass er ihn am Tag meiner Geburt gepflanzt hatte. Damals glaubte ich ihm natürlich, aber rückblickend wurde mir klar, dass es eine der Geschichten war, die er mir erzählte, damit ich mir wie etwas Besonderes vorkam.

Ein schmaler Weg führte von der Straße zum Hauseingang, der seitlich lag und von der Straße aus kaum sichtbar war. Hinter der bescheidenen Holztür hätte niemand die prächtige, von Wandleuchtern erhellte Eingangshalle und die europäisch anmutende, breite, geschwungene Marmortreppe vermutet. In jedem Stockwerk gab es ein Gemälde. Im Erdgeschoss hing das Porträt einer exotischen orientalischen Prinzessin mit dunkel geschminkten Augen; sie trug ein juwelenbesetztes rotes Seidenkleid, ihr Gesicht war halb hinter dem durchsichtigen Goldschleier verborgen, der mit einem Goldring an ihrem Kopfschmuck befestigt war, um ihre Schultern lag ein spanischer Schal. Meine Tante Fortuné, die im zweiten Stock wohnte, hatte das Bild von einem alten Foto abgemalt. Diese «Prinzessin» war meine Ur-Urgroßmutter, die aus der Türkei weggezogen war, um ihrem Ehemann nach Ägypten zu folgen; ihre Aufmachung war ein Kostüm, das sie bei einem Maskenball getragen hatte. Den Schleier jedoch hatte sie ganz selbstverständlich angelegt, wenn sie aus dem Haus ging, nach den Sitten in Istanbul, wo sogar jüdische Frauen verschleiert herumliefen. Wie seine Vorfahren war auch mein Großvater Vita in die Türkei gereist, um sich eine Frau zu suchen. Seine Ahnen waren vor der spanischen Inquisition geflohen und schließlich in Istanbul gelandet. Im sechzehnten Jahrhundert war einer seiner Vorfahren Majordomus der ottomanischen Armee gewesen. Als die Türkei in Ägypten einmarschierte, landeten mein Großvater, seine Frau und ihre zehn Kinder schließlich in Kairo. Doch sie bewahrten die Bande nach Istanbul, und in jeder Generation kehrte der älteste Sohn in die Türkei zurück, um dort eine Frau zu finden. Erst mein Vater brach mit dieser Tradition, kümmerte sich um seine Bildung und suchte sich eine französische Frau. Ironischerweise endete auch er in Kairo.

Meine Eltern und ich quartierten uns bei meinen Großeltern ein, die im Erdgeschoss wohnten; der Rest des Hauses wurde von weiteren Mitgliedern der Großfamilie in Anspruch genommen. Tante Fortuné (die große Schwester meines Vaters), ihr Mann und ihre drei Kinder wohnten einen Stock höher; im zweiten Obergeschoss lebte Onkel Albert, der Bruder meines Großvaters, mit seiner Frau und ihren drei Kindern.

Ich erinnere mich noch an den weitläufigen Salon, und die Fotos im Album meiner Mutter helfen mir, die Details zu ergänzen. Der Raum war hellgrün gestrichen, mit weißen Verzierungen, möbliert mit einem weißen, vergoldeten Sofa, vergoldeten Sesseln mit Petit-Point-Stickereien meiner Großmutter, kleinen antiken, mit Perlmutt eingelegten Tischen und einem Kristalllüster, der Licht- und Schattenmuster auf die Orientteppiche warf. In einer Wand war eine verglaste Nische, in der meine Großmutter ihre Sammlung mit Limoges-Porzellan und andere im Lauf der Jahre angehäufte Raritäten aufbewahrte. Zwei Glastüren führten auf die Terrasse. Am Tag wurden die Jalousien halb geschlossen, damit die grellen Sonnenstrahlen die Polster nicht ausbleichten. Im Esszimmer standen nur ein langer Mahagonitisch, an dem vierzehn Leute Platz hatten, eine Kredenz, in der das «gute Geschirr» aufbewahrt wurde, und beim Fenster zwei sehr große chinesische Vasen.

Soweit ich mich erinnere, habe ich nie allein mit meinen Eltern oder meinen Großeltern gegessen; stets kamen

Freunde und Familienmitglieder zu Besuch. Ein häufiger Gast war eine der Schwestern meiner Großmutter, die verwitwete Tante Marie. Von mir bekam sie den Spitznamen *le cafard* («die Küchenschabe»), weil sie immer schwarz gekleidet war, das mit Henna gefärbte Haar zu einem engen Knoten geschlungen, eine Zigarette im Mundwinkel. Wie die riesigen Kakerlaken, die das Badezimmer heimsuchten und mich jeden Morgen erschreckten, huschte sie durchs Haus. Gerüchten zufolge hatte ihr Mann zahlreiche Mätressen gehabt, und als er einige Jahre nach der Hochzeit starb, war Tante Marie sehr erleichtert, dass sie von seinem Erbe sich und ihre vier Kinder recht gut über die Runden bringen konnte. Französisch war die Hauptsprache der Familie. Mit den Dienstboten redete man Arabisch, aber wenn meine Großmutter und Tante Marie über andere Familienmitglieder tratschten, griffen sie auf Ladino zurück – das Spanisch-Hebräisch der Juden des Nahen Ostens –, was meine unschuldigen Ohren vor mancher Skandalgeschichte bewahrte.

Ein paar Wochen nach unserer Ankunft stellte meine Großmutter ein junges arabisches Mädchen namens Aishe ein, die sich um mich kümmern sollte. Aishe muss ungefähr vierzehn gewesen sein, war ziemlich klein und dünn und trug immer lange, fließende Röcke. Sie bestand darauf, dass meine Großmutter ihr diese Röcke kaufte. Sehr schnell wurden wir unzertrennlich. Aishe half mir beim Waschen und Anziehen und ging mit mir am Nil spazieren. Oft saßen wir auf einer Bank und sahen uns die *Felouks* (Segelboote) an. Manchmal kauften wir uns ein Eis oder einen Mangosaft, bevor wir heimgingen, um endlos Lotto zu spielen.

Obwohl Aishe schon ein Teenager war und ich gerade erst fünf Jahre alt, erhielt ich durch sie einen frühen Einblick in die Probleme des Frauseins. Als ich eines Nachmittags in mein Zimmer lief, lag Aishe auf meinem Bett und schluchzte bitterlich. Erschrocken rief ich meine Großmutter, die sofort herbeieilte. «Hast du etwas zerbrochen? Sag es mir, Mädchen! Hör auf zu weinen und sag mir, was los ist!» Aishe erklärte, ihr Vater habe einen Boten mit der Nachricht geschickt, dass er einen Ehemann für sie gefunden hatte und sie in einer Woche Kairo verlassen und in ihr Dorf zurückkehren müsse. Ich blickte ins Gesicht meiner Großmutter und sah, dass sie Aishe noch immer durchdringend musterte. Nun begann ich ebenfalls zu weinen. «Hört auf, ihr zwei!», schrie meine Großmutter. «Also, Aishe, warum weinst du? Willst du Colette nicht verlassen? Hast du Angst vor dem Mann, den dein Vater für dich ausgesucht hat? Kennst du ihn überhaupt?» Aishe schüttelte auf jede Frage den Kopf. Jetzt war ich so gespannt und neugierig, dass ich aufhörte zu weinen. Aishe sah erst mich an, dann meine Großmutter, dann wieder mich, und schließlich wurde sie rot und senkte den Kopf. Leise und hastig gestand sie, dass sie keine Jungfrau mehr war, dass ihr Vater sie töten würde, wenn er es herausfand, und dass sie mich nicht verlassen wollte. Zwar verstand ich die Bedeutung des Wortes «Jungfrau» nicht genau, aber ich begriff instinktiv, dass Aishe in einer schrecklichen Zwangslage steckte, und begann wieder zu weinen. Meine Großmutter seufzte. «Überlass die Sache mir, ich kümmere mich darum», sagte sie nur und verdrehte die Augen.

Während der nächsten zwei Tage saßen sie und Tante Marie mit zusammengesteckten Köpfen im Salon und diskutierten. Am dritten Morgen rief meine Großmutter Aishe zu sich und erklärte, dass Waleed, der Eisverkäufer, den Aishe sehr gern mochte, bereit war, Aishe zu heiraten, falls sie noch Jungfrau war, und dass Tante Marie eine Lösung für dieses Problem gefunden hatte. Mein Großvater schickte einen Brief an Aishes Vater, in dem er erklärte, dass er einen reicheren Mann für sie gefunden hatte und dass die Hochzeit in Kairo stattfinden würde. Die von meiner Großmutter organisierte Hochzeitszeremonie war kurz und diskret, und Aishe kümmerte sich weiterhin um mich. Als ich zehn wurde, zog sie mit ihrem Mann in dessen Heimatort am Suezkanal, aber nicht, ohne mir zuvor Tante Maries unorthodoxe Lösung ihres Problems zu verraten. Ein paar Stunden vor der Hochzeit war ein kleines mit Hühnerblut gefülltes Wachtelei in Aishes Vagina eingeführt worden. Ihr Mann hatte nichts bemerkt und Aishe war die lebenslange Demütigung erspart geblieben.

Auch andere Beziehungen trugen dazu bei, dass ich schnell heranwuchs. Da mein Vater ja nun Invalide war, von der Hüfte abwärts gelähmt und außerdem blind, verbrachte er die meiste Zeit in seinem Schlafzimmer und wurde von einem großen sudanesischen Pfleger namens Mustafa gepflegt. Mich faszinierte Mustafa, denn er hatte auf jeder Wange drei lange Narben, angeblich von einem Schwertkampf in der Wüste. Als ich Jahre später meinen Großvater danach fragte, lachte er und erklärte mir, dass die Narben zu dem Initiationsritus gehörten, der in Mustafas Stamm Brauch war.

Wenn ich meinen Vater in seinem Zimmer besuchte, was oft vorkam, saß er in seinem Rollstuhl am Fenster. Ich kletterte auf seine Knie und er hielt mich eine Weile in seinem gesunden Arm; irgendwann ließ er mich wieder auf den Boden gleiten, wo ich mich noch eine Weile beschäftigte, ehe ich wieder zum Spielen lief. Meist war ich eine Stunde später schon wieder da. Mein Vater diente mir auch als Zuflucht, wenn meine Mutter mich ausschimpfen wollte. Dann vergrub ich meinen Kopf an seiner Schulter und wimmerte: «Ich hab gar nichts getan! Maman will mich schlagen!» Er beruhigte mich immer mit denselben Worten: «Niemand wird meinem kleinen Mädchen wehtun.»

Nur ein einziges Mal war mein Vater ernsthaft böse auf mich. Obwohl ich erst sechs war, blieb mir der Vorfall im Gedächtnis, eben weil er so ungewöhnlich war. Einmal im Jahr kamen Männer, um die Orientteppiche zu säubern und bei Bedarf ihre Farben aufzufrischen. Die Teppiche wurden nach draußen in den Garten gebracht und mit einem Teppichklopfer aus Bambus ausgeschlagen, dass der Staub in alle Richtungen wirbelte; wenn sie sauber und trocken waren, tauchten die Männer Lappen in gefärbtes Wasser und machten sich in mühevoller Kleinarbeit an die komplizierten Muster der Teppiche.

Ich beschloss, diese Technik auch einmal auszuprobieren, nahm meine Schachtel mit Wasserfarben und begann, den besten Teppich meiner Großeltern im Salon anzumalen. Leider hätte ich ihn dabei fast ruiniert. Ehe ich einen nicht wieder gut zu machenden Schaden angerichtet hatte, entdeckte mich meine Mutter bei meiner Arbeit und packte mich am Arm. Ich sei ein Monster, schrie sie mich an, aber ich riss mich los und lief ins Zimmer meines Vaters. Dieses Mal jedoch folgte mir meine Mutter und erzählte meinem Vater, was ich getan hatte. Zu meinem Entsetzen reagierte mein Vater voller Strenge, stieß mich von sich und befahl mir, bis zum Essen in meinem Zimmer zu bleiben. Dort warf ich mich aufs Bett und weinte mich in den Schlaf. Als ich wieder aufwachte, schlich ich mit einer Hand voll Pistazien zurück in sein Zimmer. Er drückte mich an sich, als hätte er mein Verbrechen bereits vergessen; ich sah ihm zu, wie er die winzigen, duftenden Nüsse schweigend verzehrte, und wünschte mir, er könnte von seinem Stuhl aufspringen und mit mir in seinen Armen herumtanzen, wie ich es bei meinem Onkel und seiner Tochter gesehen hatte.

Als attraktive, reiche Französin Ende zwanzig war meine Mutter einer der Lieblinge der *Haute Societé* von Kairo und Mitglied des Sportclubs, einem privaten, exklusiven Verein in Zamaleck (einem Wohngebiet auf der der Garden City gegenüberliegenden Nilseite). Jeden Morgen machte sie sich auf den Weg dorthin, um eine Partie Tennis zu spielen oder zu schwimmen und sich mit den Mitgliedern der gehobenen Gesellschaft und den Offizieren der englischen Armee zu unterhalten, die damals Kairo bevölkerten.

Wenn ich schulfrei hatte, nahm mich meine Mutter manchmal mit in den Sportclub und erteilte mir Schwimmunterricht. Auf der Terrasse, von der man den Pool überblickte, wurde der Lunch serviert. In einer Ecke saßen die älteren Männer und schlürften türkischen Mokka, Gin Tonic oder Bier, während sie die Parade der jungen Frauen in ihren Badeanzügen beobachteten. Meine Mutter und ich saßen in der Nähe der Bar, wo sich nach kurzer Zeit mehrere ihrer Verehrer zu uns gesellten. Ich wusste, dass sie mir alles spendierten, was ich wollte, um mich abzulenken. Zu Hause aßen wir nur Pitabrot oder französisches Brot, deshalb bestellte ich mir für gewöhnlich ein Sandwich mit Tomaten und Oliven auf getoastetem Weißbrot, das mit duftendem Olivenöl beträufelt war. Manchmal bestellte ich auch Gurkensandwiches, feucht und knusprig, wie sie nur die Engländer zubereiten können, und die mit einem Berg goldbrauner süßer Kartoffelchips serviert wurden, einer weiteren meiner Leibspeisen. Dann trank ich langsam meine Zitronenlimonade und versuchte, den Gesprächen der Erwachsenen zu folgen. Am Spätnachmittag ging meine Mutter dann mit ihren Freundinnen einkaufen oder spielte im kühlen Garten des Clubs Karten. Ich wurde allein mit dem Chauffeur heimgeschickt und sah sie erst beim Dinner wieder.

Obgleich mein Vater die nächsten zwei Jahre geistig vollkommen rege blieb, ging es mit seiner Gesundheit langsam bergab. Als sein Zustand sich immer mehr verschlechterte, beschlossen meine Mutter und mein Großvater, dass sie ihn nach Assuan in Oberägypten bringen sollte, denn die Ärzte hatten gemeint, die trockene Hitze würde sich positiv auf seine Verfassung auswirken. So verließen meine Eltern Kairo mit einem ganzen Gefolge, und schon bald trafen die ersten Nachrichten ein, dass es meinem Vater besser ging und er sogar wieder angefangen hatte zu laufen. Inzwischen ging ich auf das französische *Lycée*, das auch meine Cousins und Cousinen besuchten. Jeden Morgen stolperten wir hinunter zu den beiden Wagen, die vor dem Haus auf uns warteten; auf der kurzen Fahrt unterhielten mich die Großen, erzählten Witze, den neuesten Tratsch und verwöhnten mich mit Süßigkeiten.

Sie blieben zum Mittagessen in der Schule, nur ich fuhr zum Essen nach Hause.

Allerdings träumte ich von dem Tag, an dem auch ich endlich eine Lunchbox bekommen würde. Dieser Tag kam im September, dem Monat, in dem zwischen den Häusern Netze aufgespannt wurden, um die winzigen Spatzen zu fangen, die von Europa gen Süden flogen. Die Vögel waren eine begehrte Delikatesse; sie wurden gerupft, auf einem Fleischspieß gegrillt und als leichtes Mittagessen genossen. In der Schule aß man auf dem Hof zu Mittag. Ich öffnete meine Dose, holte einen Spatz am Bein heraus und wollte ihn gerade in den Mund stecken, als ein Adler herabstieß, das Vögelchen mit dem Schnabel packte und davonflog. Der Adler erschreckte mich so, dass ich mich den Rest des Jahres weigerte, in der Schule zu essen, und die einzige Erstklässlerin blieb, die zum Mittagessen abgeholt und nach Hause gebracht wurde.

Sechs Monate nachdem meine Eltern nach Assuan aufgebrochen waren, kehrte meine Mutter allein zurück, nahm mich in den Arm und erzählte mir, dass mein Vater gestorben war. Ich war erst sieben und meine Mutter gerade dreißig geworden. Die nächsten Monate waren schrecklich einsam. Die meiste Zeit verbrachte ich in Gesellschaft meiner Großmutter; meine Mutter sah ich nur selten. Einige Monate später verließ sie Kairo wieder, diesmal, um nach Alexandria zu fahren, weil sie es «europäischer» fand. Noch später reiste sie für längere Zeit in den Libanon, «um zu vergessen». Während der nächsten drei darauf folgenden Jahre bekam ich sie gar nicht zu Gesicht und fragte mich oft, ob ich ihr überhaupt noch wichtig war, obwohl ich den romantischen und recht tragischen

Status einer «Waise» genoss, da meine Mutter in den Augen meiner Familie nicht «zählte».

Mein Vater hatte ein Testament hinterlassen, das seinen Eltern und Onkel Clément (dem jüngeren Bruder meines Vaters) die Vormundschaft für mich übertrug, mit der Begründung, meine Mutter sei zu jung, um allein die Last der Kinderaufzucht zu tragen. Meine Großeltern, die das rege gesellschaftliche Leben meiner Mutter nicht billigten, glaubten, dass mein Vater meiner Mutter nicht zugetraut hatte, für mich zu sorgen, und so wuchs ich in einem Haushalt auf, der von einer Mischung kultureller Kräfte bestimmt wurde, wie sie nur im Kairo der vierziger Jahre des zwanzigsten Jahrhunderts zu finden war.

Wie es für die ägyptischen Juden typisch war, galt mein Großvater als Haushaltsvorstand, doch schon als kleines Mädchen merkte ich, dass meine Großmutter eine geradezu unheimliche Fähigkeit besaß, eigene Ideen oder Problemlösungen so zu präsentieren, als kämen sie von meinem Großvater. Wenn mein Großvater zu Hause war, ordnete sich meine Großmutter ihm immer unter, aber sobald er weg war, nahm meine Großmutter mit ihrem starken Willen und ihrer dominanten Persönlichkeit jedes Problem, das in der Familie auftauchte, umgehend in die Hand. So lernte ich schon in sehr jungen Jahren – indem ich die Frauen in meiner Umgebung beobachtete –, wie ich meinen Großvater dazu bringen konnte zu tun, was ich wollte. Ich brauchte ihn nur zu küssen, ihm zu sagen, wie sehr ich ihn liebte, meinen Lockenkopf zu schütteln und ihn mit meinen großen treuherzigen Augen anzuschauen.

Im Haus konnte ich mich frei auf allen Stockwerken bewegen, von einer Wohnung in die andere und vor allem von einer Küche zur anderen, um die köstlichen Kochgerüche einzuatmen. In den verschiedenen Etagen ließ sich die jeweilige häusliche Lage ausspionieren. Man konnte hitzige Wortwechsel und geflüsterte Gespräche belauschen: Tante Fortuné stritt sich mit ihrer Tochter Alice über deren Freunde; Großtante Becca beklagte sich bei meiner Großmutter darüber, dass ihr Gatte nächtens am Pokertisch sein Glück versuchte; Tante Beccas Sohn Vita jammerte darüber, dass er immer noch Junggeselle war, aber er wollte die dicke, hässliche Erbin, die seine Eltern für ihn auserkoren hatten, trotzdem partout nicht heiraten. Ihn fand ich meist im Garten sitzen, wo er eine Zigarre rauchte und entsetzlich deprimiert dreinsah. Dann wandte er sich an mich, als wäre ich seine Altersgenossin, und jammerte: «Ich hasse sie. Ich will sie nicht heiraten … Was soll ich nur tun?» Am Ende heiratete er sie trotzdem, weil sein Vater hohe Schulden hatte.

Wie die Gezeiten des Meeres, so wiederholte sich auch der Rhythmus unseres Heims jeden Tag. Frühmorgens und spätabends drehte sich der Haushalt um meinen Großvater Vita. Wenn er morgens ins Büro seines Kaufhauses aufbrach – in einem europäischen Dreiteiler, mit einem traditionellen roten Filzhut, dem *Tarboosh*, auf dem Kopf und einer goldenen Uhrkette, die sich über seinen Bauch spannte – sah er streng und selbstzufrieden aus. Meine Großmutter begleitete ihn zur Tür, ein Glas Wasser in der Hand. Dann überquerte mein Großvater die Schwelle, ging fünf Schritte, drehte sich wieder um und betrat erneut das Haus. Nun reichte meine Großmutter ihm das Glas Wasser, und wenn er es geleert hatte, beugte er sich zu ihr herab und küsste sie, ehe er das Haus abermals verließ, diesmal endgültig. «Um die bösen Geister fern zu halten und dafür zu sorgen, dass er wohlbehalten zurückkommt», erklärte mir meine Großmutter. Wiederholt schärfte sie mir die wichtigsten Grundlagen ihres Aberglaubens ein: «Zupfe dreimal am linken Ohr, wenn dir eine schwarze Katze oder ein Albinokind über den Weg läuft» (in den zwölf Jahren, die ich in Kairo verbracht habe, habe ich kein einziges Albinokind gesehen!). Und: «Spucke dreimal aus, um den bösen Blick abzuwenden, wenn jemand dir sagt, dass du schön bist, wenn dir ein Leichenwagen begegnet oder wenn du vor jemandem oder etwas Angst hast.» Eigentlich ist es ein Wunder, dass mein linkes Ohrläppchen heute nicht doppelt so lang ist wie mein rechtes, so oft habe ich daran gezogen. Dreimal auszuspucken, wenn man das Schicksal herausfordert, ist in meiner eigenen Familie inzwischen zur Gewohnheit geworden.

Das Kaufhaus meines Großvaters lag in einer belebten Gegend in der Nähe des Khan-al-Khalili-Markts. Freitags arbeitete er nur vormittags, und manchmal durfte ich ihn begleiten. Ich liebte diese Ausflüge. Zuerst machten wir vor dem Haupteingang halt, wo ein alter Bettler auf dem Gehweg kauerte. Mein Großvater ließ ein paar Münzen in die Tasse fallen, die der Mann uns entgegenstreckte. «Du musst den Menschen, die ärmer sind als du, immer etwas abgeben», erklärte mir mein Großvater. Danach gingen wir hinein und er schickte mich in die Spielwarenabteilung, wo ich mit allem spielen durfte, was mir gefiel. Mein Lieblingsspielzeug war eine riesige Gummipuppe, fast so groß wie ich. Sie hatte blonde Haare und trug ein mit Rüschen besetztes Festkleid. Ich liebte diese Puppe und hatte immer Angst, dass sie verkauft würde, aber Freitag um Freitag wartete sie auf mich wie eine gute Freundin. Ich redete mit ihr und erzählte ihr Geschichten; oft verwickelte ich sie in komplizierte Zwiegespräche, bei denen ich sowohl für die Fragen als auch für die Antworten zuständig war. Vielleicht hatte mein Großvater das Personal angewiesen, die Puppe nicht zu verkaufen, jedenfalls bekam ich sie zu meinem sechsten Geburtstag von ihm geschenkt. Von diesem Tag an lag sie allerdings unberührt in einer Ecke meines Zimmers.

Der Khan-al-Khalili-Markt bestand aus gewundenen Sträßchen und engen, dunklen Gassen, die von Verkaufsbuden gesäumt wurden. Die Straßen waren nach dem benannt, was in ihnen verkauft wurde: Goldstraße, Kupfer- und Messingstraße, Seiden- und Baumwollstraße, Teppichstraße. Um die Mittagszeit saßen die Händler auf Schemeln vor ihren offenen Läden und begrüßten meinen Großvater laut auf Arabisch. Er erkundigte sich seinerseits nach Gesundheit und Familie. Oft brachte er einen Ballen Stoff aus seinem Kaufhaus als Hochzeitsgeschenk für eine Händlerstochter. Mein Großvater liebte das ägyptische Essen, vor allem die Straßenimbisse, wie zum Beispiel *Ful medames*, das traditionelle ägyptische Gericht aus gedünsteten braunen Favabohnen, und er war Stammkunde im Aboushakra, einem winzigen Restaurant in der Nähe der Goldstraße. Seine von nackten Glühbirnen schummrig beleuchteten Wände waren einige Jahre zuvor rosa gestrichen worden und jetzt zu einer undefinierbaren Farbe verblasst. Rohrstühle standen an langen, mit Papierdecken belegten Tischen. Wenn wir hereinkamen, begrüßte der Eigentümer meinen Großvater mit dem Ruf: *«Ahlen wha*

TA'MIYYA

Die geschälten halben Favabohnen für diese ägyptische Falafel gibt es in den meisten Lebensmittelgeschäften mit italienischen oder Spezialitäten aus dem Nahen Osten zu kaufen. Ta'miyya wird mit Tehina serviert.

½ Pfund geschälte halbe Favabohnen reichlich mit Wasser bedeckt über Nacht einweichen.

Am nächsten Tag die Bohnen abgießen und zusammen mit einer klein gehackten Knoblauchzehe in den Mixer geben oder mit dem Pürierstab pürieren. Eine ¾ Tasse gehackte Petersilie, die grünen, klein gehackten Spitzen von ½ Bund Lauch, ½ Teelöffel gemahlenen Kumin, ½ Teelöffel Backpulver, ½ Teelöffel Salz und einen Esslöffel klein gehackten frischen Koriander dazugeben. Weiter rühren, bis die Masse sich zusammenballt. In eine Schüssel legen, die Hände befeuchten und zu Bällchen mit etwa 5 cm Durchmesser formen. Jedes Bällchen leicht abflachen und in geröstetem Sesam wälzen. In eine Schale geben, zudecken und kühl stellen, bis sie ausgebacken werden.

5 cm Pflanzenöl in einer tiefen Pfanne auf 180 °C erhitzen. Ein paar von den Ta'miyya in das Öl legen und in 5 bis 8 Minuten goldbraun ausbacken. Auf Küchentüchern abtropfen lassen und als Vorspeise mit Tehina servieren oder mit zerkleinerten Salatblättern und Tehina zum Lunch in ein Pitabrot stopfen. Ergibt etwa 24 Stück.

haslen Pasha!» («Willkommen, Pascha!»). Rasch wurde einer der Tische gesäubert und für uns gedeckt. Freitags begannen wir unser Mahl rituell-leidenschaftlich mit scharfen *Ta'miyya* – einer Falafel aus Saubohnen – würzig, feucht, innen dunkelgrün, außen knusprig, mit geröstetem Sesam bestreut. Sie wurde zu frischem, geröstetem Pitabrot und einem Tomatensalat mit roten Zwiebelscheiben und Vinaigrette serviert. Dann folgte ein Gang mit gegrillten, zarten Rindfleisch-*Kofta* – Fleischbällchen am Spieß. Auf jedem Tisch standen rosa und grüne Schalen mit *Tehina* – einer Zitronen-Sesam-Sauce – und ein Teller mit eingelegtem Gemüse.

Ich liebte diese Pickles, die mit reichlich Knoblauch eingelegt waren, aß oft zu viel davon und bekam unweigerlich Bauchschmerzen. Dann schalt meine Großmutter meinen Großvater, wenn wir nach Hause kamen. «Wie kannst du sie so viel essen lassen? Du weißt doch, dass ihr jedes Mal schlecht wird!» Daraufhin versprach er natürlich, das

TEHINA

½ Tasse Sesampaste mit 1 Tasse Wasser, dem Saft von 2 Zitronen, 4 klein gehackten Knoblauchzehen und 1 Teelöffel gemahlenem Kumin in die Rührschüssel der Küchenmaschine geben. Vermischen und weiter verarbeiten, bis die Mixtur dick und cremig ist. In eine Schüssel geben und nach Geschmack salzen. Tehina hält sich mindestens eine Woche frisch, wenn man sie dicht verschlossen im Kühlschrank aufbewahrt.

nächste Mal besser aufzupassen, verwöhnte mich aber weiterhin jeden Freitag.

Abends saß mein Großvater zu Hause auf der Terrasse, beobachtete den Sonnenuntergang und wedelte dabei mit einer Fliegenklatsche. Zu dieser Stunde scharte sich die ganze Großfamilie um ihn, man plauderte, naschte Pistazien oder geröstete Melonenkerne, tunkte Brot in duftenden *Babaghanou* und *Tarama*-Salat. Die jüngere Generation trank Bier oder Gin Tonic, was die Engländer seit Beginn des Krieges populär gemacht hatten. Mein Großvater trank nie Alkohol, sondern ausschließlich Fruchtsäfte. Meine Cousins und ich spielten Spiele, oder ich kuschelte mich auf den Schoß meines Großvaters und lauschte dem Geplauder der anderen. Gegen acht Uhr zog der Duft von brutzelnden Täubchen vermischt mit Kumin und Limette durchs Haus, meine Großmutter scheuchte ihre Kinder und Enkelkinder fort und alle kehrten zum Abendessen in ihre jeweilige Wohnung zurück, abgesehen von den zwei, drei Gästen, die zufällig vorbeigekommen waren oder die mein Großvater für den Abend eingeladen hatte.

Auf dem Tisch lag eine weiße Damasttischdecke, auf deren Mitte zwei Silbervögel saßen, wie zum Abflug bereit, die Federn extrem wirklichkeitsgetreu gearbeitet. Das Besteck war aus schwerem Silber, das Geschirr aus weißem Porzellan mit Silberrand (die goldgeränderten Limoges-Teller und Baccarat-Weingläser wurden nur bei besonderen Anlässen benutzt). Osman, unser Bediensteter, servierte schweigend, gekleidet in eine weiße *Galabeyya* (das traditionelle lange, weiße Baumwollgewand) mit einer roten Schärpe.

BABAGHANOU

In Ägypten röstete man die Auberginen über heißen Kohlen, bis die Haut verkohlt war. Zu Hause röste ich sie direkt über der Gasflamme und wende sie häufig mit einer Zange, bis der Saft hervorzuquellen beginnt. Man kann die Auberginen aber auch 30 Minuten bei 220 °C backen.

2 große Auberginen über der Gasflamme rösten, bis sie weich sind, und abkühlen lassen, danach schälen und zum Abtropfen in ein Sieb geben. Die Auberginen dann mit 1 Esslöffel frischem Zitronensaft, 1 Esslöffel gemahlenem Kumin, 1 klein gehackten Knoblauchzehe, 1½ Esslöffeln Olivenöl sowie Salz und Pfeffer nach Geschmack pürieren.

In eine Schüssel geben und 1 Esslöffel fein gehackte Petersilie darunter geben. Nach Wunsch 1 Tasse Tehina hinzufügen. Ohne Tehina ergibt das Ganze etwa 2 Tassen, mit Tehina 3 Tassen.

Grandpère, ein leidenschaftlicher Esser, interessierte sich immer sehr für das Dinner-Menü und diskutierte ausführlich mit meiner Großmutter die Vorzüge des jeweiligen Gerichts, über Gewürze und die Qualitäten der Kochkünste von Ahmet, unserem Koch. Großvater mochte Schmorgerichte, Großmutter bevorzugte Gebratenes. Er liebte gegrillte Innereien, ihr waren sie zutiefst verhasst, weshalb sie Ahmet auch strikt untersagte, sie zuzubereiten. Er liebte gefüllte Auberginen und grüne Paprika, sie liebte gefüllte Zucchini oder Okra mit Tomaten und Zwiebeln.

Sie mochte mit Reis und Pinienkernen gefüllte Täubchen, er aß sie lieber gegrillt, gewürzt mit Limette und Kumin. Bei einer Mahlzeit verspeiste er drei oder vier davon, wobei er den Vogel zierlich mit zwei Fingern zum Mund führte. «Nimm ruhig deine Finger, Colette», sagte er zu mir. «Man kann die Vögel nicht mit Messer und Gabel essen.» Meine Großmutter runzelte die Stirn und meinte, das sei sehr unfein für eine *jeune fille de bonne famille*, aber ich nahm meine Taube mit Begeisterung in Angriff. Oft verglichen Großvater und ich die Anzahl der Knochen, die auf unseren Tellern übrig blieben.

Nur beim Nachtisch waren mein Großvater und ich verschiedener Meinung. Ich mochte keine Süßigkeiten, während sie seine ganz besondere Leidenschaft waren. Er liebte das schwere, honigtriefende *Baklava,* am liebsten mit *Eishta*, einer dicken Sahnecreme aus der Wasserbüffelmilch. Die sehr reichhaltige Creme wurde auf eine Marmorplatte gestrichen, wo man sie steif werden ließ, dann faltete man sie mehrmals zusammen und schnitt sie in dicke Scheiben. Mein Großvater leckte sich bei jedem Bissen die Lippen und grunzte vor Behagen. Natürlich mochte er auch französische Desserts wie das Soufflé und die Crème Caramel, die Ahmet so vorzüglich zubereitete.

Wenigstens teilte ich seine Liebe für Mangos, und wenn sie Saison hatten, ging Großvater alle zwei Wochen auf den Mangomarkt. Er kannte die Verkäufer, und wenn er sie besuchte, ließ er sich auf einer Holzkiste nieder und diskutierte über die Preise der verschiedenen ihm angebotenen Mangosorten. Ihm waren die großen, dicken mit dem überwältigend süßen Aroma lieber als die langen, flachen Früchte aus Indien. Wenn er ein paar davon probiert hatte,

GEFÜLLTE TÄUBCHEN

Suchen Sie 4 der kleinsten Tauben aus, die Sie finden können (in Ägypten waren sie kleiner als Wachteln) und rechnen Sie eine Taube pro Person. Beginnen Sie mit der Zubereitung bereits am Vorabend, indem Sie ½ Pfund geschälte Weizenkörner gut bedeckt in Wasser einweichen.

Magen und Herz aus der Bauchhöhle entfernen, Hals und Flügel der vier Vögel abschneiden. 1 Liter Wasser in einem Topf zum Kochen bringen, Teile hineingeben, Hitze abdrehen und zehn Minuten ziehen lassen. Abschütten und abkühlen lassen. Magen und Herz in kleine Stücke schneiden, so viel Fleisch wie möglich von Hals und Flügeln entfernen. Fleisch beiseite stellen.

Vögel kalt abwaschen und gut trocknen. In einer Bratpfanne 2 Esslöffel Pflanzenöl erhitzen, 2 klein gehackte Zwiebeln hineingeben und 3 Minuten sautieren. Dann das beiseite gelegte Fleisch dazugeben und weitere 3 Minuten anbraten. Pfanne vom Herd nehmen. Die Weizenkörner abgießen und zusammen mit 1 Teelöffel gemahlenem Zimt sowie Salz und Pfeffer nach Geschmack zu den Zwiebeln geben. Die Vögel mit der Mischung füllen und die Beine mit Küchengarn zusammenbinden.

4 Zwiebeln mit 3 Kardamomkörnern und 2 Lorbeerblättern in ein Stück Mull binden. In einem großen Topf 3 Liter Wasser zum Kochen bringen. Den Mullbeutel sowie Salz und Pfeffer hinzufügen. Die Tauben hineingeben, die Mischung nochmals zum Kochen bringen, dann die Hitze herunterstellen und 45 Minuten köcheln lassen. Dann die Vögel herausnehmen und trocken tupfen.

¼ Tasse Pflanzenöl in einer Bratpfanne erhitzen.

Die Vögel darin von allen Seiten braten, bis sie goldbraun sind. Auf einer Platte anrichten und warm halten. Die Zwiebeln aus dem Mulltuch herausnehmen und pürieren. Mit 1½ Litern der Brühe in einen Kochtopf geben, 2 Esslöffel frischen Zitronensaft sowie Salz und Pfeffer nach Geschmack zugeben. Zum Kochen bringen und bei starker Hitze 4 Minuten kochen. In eine Sauciere geben und mit den Täubchen servieren.

bestellte er eine Kiste voll, und dann gab es bei uns jeden Abend Mangos. Gegen Ende der ersten Woche wartete mein Großvater schon ungeduldig darauf, dass Ahmet ihm endlich sagte, die Mangos seien überreif und er müsse sie zu einer Mousse verarbeiten – dem Lieblingsdessert meines Großvaters. Moralisch wie immer jammerte meine Großmutter: «Ich habe dir doch gesagt, du sollst nicht die ganze Kiste kaufen. Mangos halten sich eben nicht!»

3

AHMET UND GRANDMAMAN

ICH stehe in der Küche und bereite das Essen vor – heute probiere ich ein Rezept aus, das ich eventuell für einen Artikel über Bohnen brauchen kann. *Ful medames* köchelt im Topf und setzt mit seinem Dampf den vertrauten nussigen Duft frei. Da klingelt es Sturm an der Haustür – das kann nur mein neunjähriger Enkelsohn Matthew sein. Schon stürzt er herein. «Hi, Grandmaman! Das riecht aber gut! … Ich hab einen Bärenhunger! Können wir kochen?» Er hilft mir, die Vinaigrette zuzubereiten, die später die braunen Favabohnen erst richtig zur Geltung bringen soll, wenn sie warm und breiig in ein frisches Pitabrot gestopft werden.

Schon seit seiner Geburt haben Matthew und ich eine geradezu unheimlich starke Bindung zueinander. Kurz nachdem meine Tochter Marianne ihn auf die Welt gebracht hatte, haben sie und ich einen Vertrag unterschrieben, gemeinsam ein Kochbuch zu schreiben. Als das Buch beinahe fertig war, mussten wir die Rezepte testen und

FUL MEDAMES

Dieses Gericht wird traditionell über Nacht zubereitet und kann auch mit kleinen ägyptischen Favabohnen aus der Dose hergestellt werden. Ägyptische Pickles sind eine Mischung aus weißen Rüben, Zwiebeln und Peperoni; man kann sie in Spezialgeschäften kaufen, in denen es Lebensmittel aus dem Nahen Osten gibt.

1 Pfund getrocknete ägyptische Favabohnen mit Wasser bedeckt über Nacht einweichen lassen. Am nächsten Tag abgießen und die Bohnen mit einer halbierten Knoblauchknolle in einen großen Topf geben. 7 Tassen Wasser hinzufügen und zum Kochen bringen. Hitze herunterstellen, bis die Mischung köchelt, 6 Eier in der Schale, den Saft 1 Zitrone sowie Salz und Pfeffer nach Geschmack hineingeben. Die Bohnen 12 Stunden oder bis sie weich sind kochen, dabei gelegentlich kontrollieren und bei Bedarf Wasser hinzufügen.

6 Teller vorbereiten. In jeden 1 Esslöffel klein geschnittene Schalotte, 1 Esslöffel Olivenöl, ½ Esslöffel Zitronensaft, Salz und Pfeffer geben. Die Eier schälen und eines in jeden Teller legen. Den Ful löffelweise darüber verteilen, mit ägyptischen Pickles und getoastetem Pitabrot servieren. Ergibt 6 Portionen.

Bilder dafür machen. Damals war Matthew zehn Monate alt und wir setzten ihn in seinem kleinen Stuhl einfach auf die Arbeitsplatte, an der wir beschäftigt waren. Von allem, was ich gerade kochte, nahm ich einen Löffel voll, hielt ihn meinem Enkelsohn unter die Nase und fragte ihn, ob er es gut fand. Jedes Mal grummelte Marianne: «Er ist zu jung … er weiß das doch nicht!», aber Matthews Lächeln sagte mir das Gegenteil. Mit drei Jahren schnupperte er an dem frischen Estragon, den ich zwischen den Fingern verrieb, mit vier stand er neben mir auf einer Tretleiter und lernte, Rührei zu kochen, mit fünf konnte man ihm ein Messer anvertrauen. Ich hatte vor mich hin gemurmelt, dass ich noch ein bisschen Knoblauch schälen müsste, da piepste Matthew: «Oh, lass mich … ich will das machen!» Meine französische Großmutter hatte sich strikt geweigert, mich irgendetwas schneiden oder schälen zu lassen, und bis heute verletze ich mich häufig, wenn ich mit einem Messer hantiere. Doch ich gab dem Flehen meines Enkelsohns schließlich nach und war erstaunt, wie geschickt er sich anstellte, als ich seine Hand, in der er ein kleines Mehrzweckmesser hielt, über die erste Knoblauchzehe führte. Ich zeigte ihm, wie man eine halbierte Knoblauchzehe über ein Stück trockenes französisches Brot reibt, um es dann in die Salatschüssel zu geben, wie man Olivenöl, Zitronensaft, Salz, Pfeffer und Kräuter mischt, wie man die Sauce mit einem Salatblatt probiert und abschmeckt.

An jenem Tag wurde «köstlich» sein Lieblingswort. Marianne kam in die Küche und starrte ungläubig auf die Arbeitsplatte. Olivenöl tropfte von ihr herunter, Zitronenscheiben und Knoblauchzehen waren überall verstreut. Matthews Gesicht, seine Hände, seine Haare klebten, sein Hemd hatte Flecken. «Du riechst nach Knoblauch, geh und wasch dir die Hände!», sagte sie mit einem halben Lächeln – so suchten mich die Worte meiner Mutter über eine Generation hinweg noch immer heim.

Matthews Gegenwart versetzt mich zurück in die Kairoer Küche, wo ich den *Ful* probiere, den Ahmet, der Koch, zubereitet hat, und Grandmaman Marguerite helfe, den Teig zu mischen, während sie mir Lieder auf Arabisch vorsingt. Ihr Familienstolz war immer eng mit der Küche

SAMBUSAKS

Für den Teig ½ Tasse geschmolzene Butter, ½ Tasse Pflanzenöl, ½ Tasse heißes Wasser und eine Prise Salz miteinander vermengen. 2 Tassen Mehl einrühren. Auf ein bemehltes Brett geben und eine weitere Tasse Mehl unterrühren. Gut durchkneten, bis der weiche Teig gut zusammenhält. Zu einer Kugel formen, in Plastikfolie wickeln und 30 Minuten kalt stellen.

Für die Füllung 350 g zerbröckelten Fetakäse, 2 Esslöffel geriebenen Parmesan, 2 Eier, 4 Teelöffel Backpulver und Pfeffer nach Geschmack in den Mixer geben oder mit dem Pürierstab pürieren, bis die Mischung leicht und cremig ist.

Den Teig in 20 Stücke zerteilen. Jedes Bällchen auf einer bemehlten Fläche zu einem Fladen mit 10 cm Durchmesser platt drücken.

1 gehäuften Esslöffel von der Füllung auf die Mitte jedes Fladens geben, den Rand mit Wasser bestreichen, falten und die Kanten mit einer Gabel zusammendrücken, damit sie nicht aufgehen. Wenn alle fertig sind, auf ein gefettetes Backblech legen. Die Sambusaks mit zerquirltem Ei bestreichen und im vorgeheizten Backofen bei 190 °C etwa 35 Minuten goldbraun backen. Heiß oder bei Zimmertemperatur servieren.

verbunden, und als ich einmal für meine Freunde *Sambusaks* machen wollte und mich nicht genau an ihr Rezept für das mit Käse gefüllte goldbraune Gebäck hielt, war sie empört. «Dieses Rezept ist mindestens hundert Jahre alt! Das verändert man nicht einfach so!», schimpfte sie. Ich sehe sie noch am Herd stehen, eine zierliche, meist ganz in Schwarz gekleidete Frau. Ihre dichten, lockigen, mit Henna gefärbten Haare waren zu einem großen Knoten aufgesteckt, aber dauernd machte sich irgendeine Strähne selbstständig und sie versuchte vergeblich, sie wieder ordentlich in den Knoten zurückzustecken. Meine Tochter Marianne, die ihr sehr ähnlich sieht, streicht sich mit derselben Handbewegung ihre dunklen Locken hinter die Ohren. Ich muss lächeln, wenn ich sehe, wie ihr eine Strähne immer wieder über die Stirn fällt.

Grandmaman lief stets mit einem großen Schlüsselbund am Gürtel durch die Erdgeschosswohnung in Kairo. Die Speisekammer war abgeschlossen und jeden Morgen öffnete meine Großmutter sie, um Reis zu holen, um Öl und Zucker für die Mahlzeit des Tages abzumessen oder um nach den eingelegten Rüben und dem gepökelten Knoblauch zu sehen. Sie liebte ihre Aufseherinnenrolle, ihr Regiment über die Hausmädchen, den Koch und den Chauffeur. Wenn sie dachte, einer der Dienstboten oder einer von uns hätte ihre Anweisungen missachtet, brauste sie auf, denn sie hatte ein ausgesprochen lebhaftes Temperament. Als ich zum ersten Mal hörte, wie sie wütend ihre scharfe Stimme erhob, lief ich weg und versteckte mich im Schlafzimmer meines Vaters. Als ich ihm sagte, ich hätte Angst vor der Stimme meiner Großmutter, lachte er und meinte: «Lauf zurück in die Küche und schau nach, was da los ist.» Ich nahm mir ein Herz, und als ich in die Küche kam, fand ich dort meine Großmutter und Ahmet, die zusammen über etwas lachten, was Aishe gesagt hatte. Von diesem Tag an wusste ich, dass Grandmaman nicht nur sanft und freundlich sein konnte, sondern gelegentlich mit eiserner Faust durchgriff.

Grandmaman war eine hervorragende Köchin. Sie regierte in der Küche, aber sie musste sich die Macht mit Ahmet teilen. Jeden Morgen zogen sie gegeneinander zu Felde. Ahmet, ein kleiner, drahtiger Sudanese, arbeitete bei meinen Großeltern, seit er fünfundzwanzig war. Er hatte jung geheiratet und war mit achtzehn bereits Vater dreier Kinder gewesen. Doch sein Dorf war sehr arm, und so hatte Ahmet seine Frau und seine Kinder verlassen, um Arbeit zu suchen und sein Glück anderswo zu probieren. Er verdingte sich im Haus eines französischen Diplomaten, einem Freund meiner Tante Fortuné, als Diener. Dort arbeitete er sich sehr schnell zum Assistenten des französischen Chefkochs empor, und da ihm die Kochkunst angeboren zu sein schien, lernte Ahmet im Handumdrehen die komplizierten französischen Gerichte, die man im Hause bevorzugte. Als der Diplomat nach Frankreich zurückkehrte, bat Tante Fortuné meinen Großvater, Ahmet in den Haushalt aufzunehmen. Als ich nach Ägypten kam, war Ahmet bereits seit ungefähr fünfzehn Jahren in der Küche heimisch. Er war ein Dickkopf, aber ein sehr netter Mensch, der die Kinder in unserem Haus ebenso liebte, wie er seine eigenen vermisste. Allerdings war ich die Einzige, die Wert darauf legte, Zeit bei ihm in der Küche zu verbringen – vor allem, wenn Grandmaman nicht hinschaute –, und so entwickelte sich zwischen ihm und mir eine besonders enge Verbindung.

Jeden Morgen gab es zwischen Grandmaman und Ahmet einen lautstarken Streit. (Ich hatte immer Angst, Ahmet könnte eines Tages so wütend werden, dass er mich wie alle anderen Menschen, die ich liebte, verlassen würde.) Beispielsweise schlug Ahmet als Speisenfolge einen ganzen Fisch in Aspik vor, ein gebratenes Hähnchen mit Estra-

MULUKHIYYA

Mulukhiyya ist ein ziemlich bitteres Gewürzkraut mit einem natürlichen Verdickungsmittel. Man findet es in Europa kaum frisch, kann es jedoch in Geschäften mit Spezialitäten aus dem Nahen Osten getrocknet oder gefroren kaufen.

5 Tassen Hühnerbrühe in einem Topf erhitzen und zum Kochen bringen. 2 Pfundpackungen Mulukhiyya hineingeben, Hitze herunterschalten und 5 bis 10 Minuten köcheln lassen, um das Kraut aufzulösen.

3 Esslöffel Olivenöl in einer kleinen Bratpfanne bei mittlerer Temperatur erhitzen. 4 klein gehackte Knoblauchzehen hinzufügen und 2 bis 3 Minuten anbraten. 2 Esslöffel gemahlenen Koriander und 1 Esslöffel gemahlenen Kumin einrühren, 2 Minuten dünsten, dann die Mischung in die Brühe geben. Saft von 2 Zitronen dazugeben, nach Geschmack mit Salz und Pfeffer würzen. Die Suppe noch 8 Minuten köcheln lassen.

1 Tasse gekochten Langkornreis auf 8 Teller verteilen, die Suppe darüber verteilen und servieren.

gonfüllung, eine Entengalantine oder seine berühmte Hammelkeule – rosa, zart, mit Knoblauch gefüllt. Doch Grandmaman wollte am liebsten alles ägyptisch haben. Nach ihren Vorstellungen begann ein Essen beispielsweise mit *Mulukhiyya* (einer delikaten ägyptischen Suppe mit grü-

GEBRATENER FISCH MIT COUSBAREIA-SAUCE

2 Pfund ausgenommenen Butterfisch oder Meeräsche (oder einen anderen Fisch mit festem Fleisch) mit Küchentüchern abtupfen. 2 Tassen Mehl mit Salz und Pfeffer würzen und den Fisch damit bestreuen. In einer tiefen Bratpfanne 2 Tassen Olivenöl erhitzen; wenn das Öl gut heiß ist, den Fisch bei starker Hitze etwa 6 Minuten scharf anbraten, bis er goldbraun ist. Auf Küchentücher legen und das Fett abtropfen lassen.

In einer anderen Bratpfanne 2 Esslöffel Olivenöl erhitzen. 2 dünn geschnittene Zwiebeln hineingeben und sautieren, bis sie weich und goldbraun sind. Dann 2 Tassen geschälte, entkernte, in Würfel geschnittene Tomaten hinzufügen, dazu 1 Tasse klein gehackte Haselnüsse und ½ Tasse geröstete, klein gehackte Pinienkerne geben. 4 Minuten kochen lassen. ½ Tasse Wasser und ½ Tasse klein gehackte Petersilie hinzufügen, mit Salz und Pfeffer würzen, 5 Minuten kochen lassen. Den Fisch in die Sauce legen und noch 10 Minuten kochen lassen, dabei Wasser hinzugeben, wenn die Sauce zu dickflüssig wird. Ergibt 4 Portionen und sollte mit Reis serviert werden.

nen Kräutern desselben Namens), serviert zu ägypti schem Reis, gefolgt von gebratenem Fisch mit *Cousbareia*-Sauce oder Brathähnchen auf einem Lauchbett als zweitem Gang.

Grandmaman glaubte unerschütterlich an die stärkenden Eigenschaften von Lauch. Sie empfahl ihn meiner Cousine Renée, die sich als Teenager immer darüber beklagte, zu dick zu sein. «Iss einen Tag lang nichts anderes als Lauch», sagte meine Großmutter mit ihrer gebieterischen Stimme zu ihr, «und du wirst schlank.» Meinem achtzehnjährigen Cousin Zaki riet sie, mit Lauch seine Akne zu bekämpfen, und sie bestand darauf, dass auch ich mindestens zweimal die Woche Lauch aß, damit ich beim Singen die Stimme halten konnte wie meine Cousins und Cousinen. Zwar konnten wir nie irgendwelche positiven Veränderungen erkennen, aber wir hörten trotzdem weiterhin auf Grandmaman und verzehrten eifrig unseren Lauch.

Ahmet ging jeden Tag einkaufen, aber einmal pro Woche übernahm Grandmaman das Kommando: Jeden Freitag ließ sie sich von der Pferdekutsche zum Hauptmarkt der Stadt fahren, in Begleitung von Abdullah, Ahmets Sohn, der die Einkäufe schleppen musste. Wenn ich keine Schule hatte, kam ich mit. Dann saß ich aufrecht neben Grandmaman auf den mit rotem Baumwollsamt überzogenen Sitzen der glänzenden, schwarzen Kutsche und Grandmaman sang mir auf Arabisch ein Lied von einem Pferd und einer Jungfrau in Not vor. Ich bekam dieses Lied so oft zu hören, dass ich es heute noch singen kann, wenn auch wahrscheinlich etwas falsch, trotz des vielen Lauchs.

BRATHÄHNCHEN AUF LAUCHBETT

Ein 5 Pfund schweres Hähnchen mit Küchentüchern abreiben. 2 Esslöffel Olivenöl mit 1 Esslöffel Zitronensaft, 2 Esslöffeln frischem Estragon, Salz und Pfeffer mischen. Das Hähnchen innen und außen mit der Mixtur einreiben.

Die äußeren Blätter von 2 Pfund Lauch entfernen und gut waschen. 2 der Lauchstangen in feine Scheibchen schneiden und vorsichtig unter die Haut des Hähnchens stecken. Den übrigen Lauch in etwa 2 cm dicke Scheiben schneiden, in einen Bräter geben, mit Salz und Pfeffer würzen und 2 Esslöffel Butterflocken darauf setzen. Das Hähnchen auf den Lauch legen, 3 Tassen Hühnerbrühe dazugeben und im auf 190 °C vorgeheizten Backofen 1½ Stunden backen oder bis das Hähnchen goldbraun und das Fleisch gar ist. Von Zeit zu Zeit sollte man kontrollieren, ob der Lauch austrocknet, und bei Bedarf Wasser hinzufügen.

Das Hähnchen zerlegen und die servierfertigen Teile auf eine Platte legen. Den Lauch umrühren (darauf achten, den Boden des Bräters abzukratzen) und bis zu ½ Tasse Hühnerbrühe für die Sauce hinzufügen. Mit Salz und Pfeffer abschmecken und über das Hähnchen löffeln. Dieses Gericht schmeckt sehr gut zu französischen Linsen und einem Salat. Ergibt 4 bis 6 Portionen.

Der Markt lag in einer großen Straße, an deren Ende sich der überdachte Fisch- und Geflügelmarkt befand. Die Kutsche setzte uns an der Ecke ab und Grandmaman ging voran, hinein in den staubigen, lärmenden, überfüllten Markt. Zuerst machten wir Halt im Gemüseladen, wo Hassan – der Inhaber – meine Großmutter mit blumigen Worten begrüßte. Das Gemüse lag offen auf langen Brettern; Hassan thronte ganz oben, blickte auf seine Kundschaft herab und rief seinen Helfern Befehle zu. Während ich noch die wundervollen Auslagen mit Obst und Gemüse bewunderte, kaufte Grandmaman kleine junge Okra, tiefrote Tomaten, Zucchini und Gurken, wobei sie rasch und mit geübtem Blick die perfekten Exemplare auswählte. Wenn es um Auberginen ging, nahm sie sich mehr Zeit; ihr *Babaghanou* war berühmt und sie nahm das Gemüse sehr ernst. Die Auberginen mussten rundlich sein, kräftig lila gefärbt, nicht zu groß, aber auch nicht zu klein. Sie befühlte, tastete, wog und diskutierte endlos mit Hassan, bevor sie sich zum Kauf entschloss.

Als Nächstes kam der Stand mit den Wassermelonen. Sie waren auf einem Karren aufgestapelt, die kleineren vorn, die großen hinten. Auch dieser Händler kannte meine Großmutter und war stets auf ihren Besuch vorbereitet. Sobald er sie kommen sah, griff er nach einer Wassermelone und erklärte ihr, diese Frucht eigens für sie ausgewählt zu haben. Mit einer dramatischen Geste nahm er dann ein großes Messer zur Hand, schnitt ein kegelförmiges Stück heraus und präsentierte es ihr mit einer überschwänglichen Verbeugung und einem Schwall von Superlativen. Jede Woche erlag meine Großmutter seinem Charme und Abdullah bekam die größte Wassermelone aufgeladen, auch wenn er unter ihrem Gewicht beinahe zusammenbrach.

Dann schickte Grandmaman Abdullah zurück zur Kutsche, um schon einen Teil der Einkäufe dort zu verstauen. Unweigerlich beschimpfte sie den armen Abdullah, wenn er zurückkehrte, weil er ihrer Meinung nach viel zu lange gebraucht hatte. Aber Abdullah verdrehte nur die Augen, sah mich an und brach dann in lautes Gelächter aus; er wusste genau, dass ihm meine Großmutter am Ende für seine Mühen ein gutes Bakschisch in die Hand drücken würde.

Nun ging es weiter zum Geflügel- und Fleischmarkt. Grandmaman begann immer mit dem Taubenverkäufer. Sobald sie dort auftauchte, schleppte jemand für sie einen alten Polsterstuhl heran, auf dem sie es sich bequem machen konnte. Dann wurde ein Junge losgeschickt, um für sie einen starken, viel zu süßen arabischen Kaffee zu holen, der in einer winzigen Porzellantasse auf einem glänzenden Silbertablett serviert wurde. Während sie den Kaffee schlürfte, diskutierte sie über die Qualität der ihr angebotenen Tauben. «Und achten Sie darauf, dass die Vögel diesmal wirklich zart und fett sind», meinte sie warnend, während sie prüfend die Brust der armen Tiere befingerte, «das letzte Mal waren sie es nämlich nicht!» Wenn man sich geeinigt hatte, wurden die Tauben geschlachtet, gerupft und Abdullah aufgeladen. Da Abdullah für das Geflügel immer einen besonderen Stoffbeutel mitbrachte, packte man sie für uns nicht in fettiges Zeitungspapier, wie das sonst Sitte war.

Nach den Tauben besuchten wir den Hühnerhändler. Der Laden, in dem meine Großmutter am liebsten einkaufte, war immer gedrängt voll mit von Kopf bis Fuß schwarz gekleideten Frauen, die nach Herzenslust feilschten oder darüber stritten, ob die Hühner fett genug waren. Meine Großmutter bestand darauf, dass ein Huhn ungeborene Eier in sich tragen musste, dass ein Hähnchen schön fett war und dass der Händler – der das auserwählte Tier an den Füßen hochhielt – es nicht vor meinen Augen schlachtete.

Als Nächstes war der Fleischmarkt an der Reihe, den ich verabscheute. Ich schloss die Augen und versteckte mich in den Röcken meiner Großmutter, weil ich die jungen Ziegen und die Lämmer, die gehäutet an den Füßen aufgehängt waren und sehr tot wirkten, genauso wenig sehen wollte wie das große Stück Rindfleisch auf der Marmortheke. Grandmaman verlangte dünne Rindfleischscheiben, die unbedingt von der Keule geschnitten werden mussten. Mit der Handfläche klopfte sie sich auf die Schenkel und machte dabei ein schmatzendes Geräusch, um ihren Worten Nachdruck zu verleihen. Die Scheiben mussten dünn sein, weil das Rindfleisch oft sehr zäh war. Bis ich nach meiner Rückkehr in Paris mein erstes saftiges *Rôti de boeuf* (Roastbeef) verspeiste, hatte ich nie ein Steak gegessen.

Der schlimmste Moment auf dem Markt aber war, wenn meine Großmutter Rinderleber kaufte – groß, rot und blutig. Mir wurde jedes Mal speiübel. Bis zum heutigen Tag kann ich gekochte Leber nur essen, wenn ich in einem Restaurant heiße *Foie gras* bestelle. Doch dann gingen wir zu dem Laden mit den getrockneten Früchten und Nüssen, einem meiner Lieblingsläden, vor allem im Herbst, wenn es frische Pistazien gab. Sie hatten eine leicht zu entfernende rote Haut, das Fleisch war zart und hellgrün. Außerdem pickte ich immer gern ein bisschen in den verschiedenen *Pepitas* (Kernen) herum. Es gab mindestens zehn Sorten Pepitas – manche waren klein, wie beispielsweise Melonenkerne, andere sehr groß, wie Sonnenblumenkerne. Meine Großmutter kaufte von jeder Sorte etwas, um sie um sechs Uhr mit den Drinks auf der Terrasse zu servieren. Dann erstanden wir noch dicke, schwere Trockenaprikosen aus der Türkei, entsteinte Dörrpflaumen aus Syrien und winzige Rosinen aus Ismir.

Wenn Grandmaman ihre Einkäufe erledigt hatte, kehrte sie eiligen Schrittes zur Kutsche zurück, ohne auf den armen Abdullah zu achten, der wieder mit den ganzen Sachen beladen war und kaum Schritt halten konnte. Nach Hause zurückgekehrt, führte Grandmaman all ihre Errungenschaften zuerst einmal Ahmet vor, der stets irgendetwas auszusetzen hatte: Sie hatte für die Tauben oder den Fisch zu viel bezahlt, die Wassermelone war überreif. Dann rümpfte meine Großmutter ein bisschen die Nase, ordnete an, dass es zum Abendessen *Lahma Mashshiya* (dünne Scheiben mariniertes Rindfleisch, mit Kashkaval-Käse und Zwiebeln gefüllt und überbacken) geben solle, und segelte schließlich aus der Küche, um sich meinen Tanten auf der Terrasse anzuschließen. Dort knabberten sie *Lukoum*, eine zähe, mit Pistazien gefüllte Süßigkeit, während Großmutter von ihren morgendlichen Abenteuern berichtete.

Bei Sonnenuntergang breitete sich dann ein wundervolles, süßes und pikantes Aroma auf der Terrasse aus und ich rannte voller Ungeduld in die Küche, um Ahmet zu fragen, wann es denn endlich etwas zu essen geben würde.

LAHMA MASHSHIYA

Bitten Sie Ihren Fleischer, 2 Pfund Rindfleisch sehr dünn zu schneiden und die Scheiben ordentlich weich zu klopfen. ½ Tasse fein gehackte Petersilie, 2 Esslöffel geriebenen Kashkaval-Käse, 2 Esslöffel geriebenen getrockneten Ziegenkäse und frisch gemahlenen schwarzen Pfeffer nach Geschmack vermischen. Diese Mischung auf die Rindfleischscheiben verteilen, eng zusammenrollen und mit Küchengarn umwickeln.

2 fein geschnittene Zwiebeln, 3 klein gehackte Knoblauchzehen, ½ Teelöffel gemahlene Muskatnuss, 1 Esslöffel Zitronensaft und 1 Tasse Rindfleischbouillon in einer großen Schüssel vermischen. Die Rouladen hineinlegen und zwei Stunden darin marinieren lassen.

Das Fleisch aus der Marinade holen und in einer Bratpfanne mit 1 Esslöffel Öl gut braun braten. Wenn es gar ist, in eine Auflaufform legen. Noch einen Esslöffel Öl in die Pfanne geben und ¼ Tasse Mehl einrühren. Unter stetigem Umrühren 2 Minuten anbraten. Die Marinade und ½ Tasse Rindfleischbouillon hineingießen, zum Kochen bringen und bei schwacher Hitze noch drei Minuten köcheln lassen. Dann die Sauce über die Rouladen gießen und in einem vorgeheizten Backofen bei 165 °C 20 Minuten überbacken. Ergibt 4 Portionen.

KOBEIBA

Dieses Gericht stammt aus dem Libanon und aus Syrien. Das Fleisch wird in einem großen Steinmörser weich geklopft, bis es zart ist.

1 Pfund Bulgur mit Wasser bedeckt 20 Minuten einweichen. 2 Pfund Rindskeule in Würfel schneiden und in einem großen, schweren Mörser weich klopfen.

Das Fleisch, 2 fein geschnittene Zwiebeln, ¼ Tasse klein gehacktes Hühnerfett, 2 Esslöffel Pinienkerne sowie Salz und Pfeffer in einer Schüssel gut vermengen.

In einer anderen Schüssel 2 Pfund Lammgeschnetzeltes, 2 geriebene Zwiebeln, 2 Esslöffel Zitronensaft sowie Salz und Pfeffer ebenfalls gut vermischen.

Mit nassen Händen ein Stück der Rindfleischmischung nehmen, in eine Handfläche legen und mit dem Zeigefinger ein Loch in die Mitte drücken, dabei sollte das Fleisch auf der Handfläche möglichst dünn gepresst werden. Das Loch zur Hälfte mit dem Lammgeschnetzelten füllen. Die Hände erneut anfeuchten, das Rindfleisch um das Lammfleisch legen, eine Kugel daraus formen. Auf die gleiche Art mit dem restlichen Fleisch verfahren, bis alles aufgebraucht ist.

2 Esslöffel Öl in einer großen Pfanne erhitzen. Die Kobeiba darin braten, bis sie goldbraun und gar sind. Auf Küchentüchern abtropfen lassen und heiß mit Pitabrot oder ägyptischem gebratenem Reis servieren. Reicht gut für 6 Portionen.

Um meinen ersten Hunger zu stillen, füllte Ahmet für mich ein Pitabrot mit kalten *Kobeiba* (Hackfleischscheiben) und scheuchte mich aus der Küche.

Trotz der Ermahnungen meiner Großmutter, dass hier nicht der geeignete Platz für eine *jeune fille de bonne famille* sei, verbrachte ich viel Zeit bei Ahmet in der Küche. Die Küche war sehr groß und hatte zwei Fenster mit Blick auf den Garten. Es gab eine breite, tiefe Steinspüle mit einem Kupferhahn und eine riesige Küchenzeile mit Schüsseln voller Limetten und Zitronen und lange Reihen von Gewürzdosen. Auf dem Boden beim Fenster standen die Primuskocher, auf denen die meiste Kocharbeit erledigt wurde. Ein geräumiger Kühlschrank beherrschte eine Küchenecke, in der gegenüberliegenden Ecke stand der große Gasbackofen. An der Küchentheke standen ein paar hohe Hocker, auf denen ich oft saß und zusah, wie Ahmet das Mittag- oder Abendessen kochte oder Pickles einlegte.

Viele der beim Kochen benötigten Zutaten bereitete Ahmet in großen Mengen zu. Beispielsweise befasste er sich einmal im Jahr mit dem zerdrückten Knoblauch. Dann saßen Aishe, Osman (der Kammerdiener) und Ahmet draußen im Garten und schälten pfundweise frisch geernteten Knoblauch, zerdrückten ihn und vermischten ihn mit Salz, bevor er in gut schließenden Gläsern aufbewahrt wurde. Diese Gläser standen dann zwischen anderen Behältern mit schwarzem Sesam, Koriander und Kumin auf der Küchentheke. Etwa alle zwei Monate wurde auf dem Markt frische Minze eingekauft. Nachdem die kleinen Blätter mehrmals gewaschen worden waren, legte Ahmet sie auf Zeitungspapier aus und ließ sie ungefähr eine Woche in der Sonne trocknen. Dann zupfte er die Blätter von den Stielen und zerrieb die Minze zwischen den Händen zu Pulver. Wenn er die Hände öffnete, ließ er mich das starke, süße Arome einatmen. Bevor das Pulver in ein Glas gefüllt wurde, wurde es noch durch ein feines Sieb gegeben. Ahmet benutzte die Minze in seiner Hühnersuppe und im Linseneintopf. Im Herbst war ich besonders gern in der Küche, denn dann machte Ahmet *Ful nabe*, getrocknete Saubohnen. Er weichte die Bohnen vier bis sechs Tage in einem Tonbehälter ein; dabei wechselte er das Wasser alle zwölf Stunden, bis die Bohnen keimten und die Sprossen mindestens zweieinhalb Zentimeter groß waren. Dann ließ er sie mich – mit Olivenöl beträufelt und mit Salz bestreut – auf einem Stück geröstetem Pitabrot probieren. Die übrigen Bohnen kochte er und servierte sie kalt als Vorspeise. Da die Außenhaut der Bohnen hart und ungenießbar ist, brachte Ahmet mir bei, ein Ende abzubeißen, sodass die innere Bohne direkt in den Mund flutschte.

Für die Dienstboten kochte Ahmet ein anderes Essen. Ein großer *Idras* (ein seitlich stehender Kupferkessel) voll duftendem *Ful medames* stand immer auf dem Herd. Bei mir zu Hause war *Ful* immer nur etwas für die Dienstboten, aber weil ich es leidenschaftlich gern aß, riskierte Ahmet den Zorn meiner Großmutter und versorgte mich nach der Schule mit *Ful* statt mit *Tartine* (Baguette mit Butter und Marmelade), was meine Cousins und Cousinen bekamen.

Jedes Jahr im April entspann sich das gleiche Drama in unserem Haushalt: Ahmet verkündete, er müsse wieder einmal nach Oberägypten reisen und seine Frau besuchen. Nun geriet bei uns alles aus den Fugen. Ich höre noch, wie meine Großmutter Ahmet mit schriller Stimme zu überzeugen versuchte, doch bitte nicht noch mehr Kinder zu zeugen. Aber Ahmet lächelte nur spöttisch und sagte *«Insha Allah!»* («Gesegnet sei Allah!»). Immerhin hatte meine Großmutter selbst neun Kinder in die Welt gesetzt! Wenn Ahmet weg war, übernahm meine Großmutter das Kommando in der Küche; Aishe und Hassan, der Chauffeur, wurden als ihre Helfer eingesetzt. Doch in Ahmets Abwesenheit wollte Grandpère keine Gäste zum Essen einladen, denn er fürchtete sich vor Grandmamans Zorn. Ständig beschwerte sie sich, die Dienstboten seien unfähig und sie sei völlig überarbeitet und todmüde. Die arme Aishe! Nie war Grandmaman mit ihrer Arbeit zufrieden. Wenn beispielsweise die Milch überkochte, brüllte Grandmaman auf Arabisch: «Pass doch auf, Mädchen! Du sollst den Topf ansehen, nicht mich!»

Ich andererseits war sehr zufrieden, denn jetzt durfte ich mich ganz nach Belieben in der Küche aufhalten und zusehen, wie Großmama ihre köstlichen *Sambusaks* zubereitete; manchmal ließ sie mich sogar den Teig kneten. Die Mixtur war warm und ich hatte den Teig für mein Leben gern zwischen den Fingern. Großmutter rollte den Teig ganz dünn aus, stach mit türkischen Kaffeetassen Kreise aus, gab die Käsefüllung darauf und formte Halbmonde. Während die *Sambusaks* im Ofen waren, trudelten auch meine Cousins in der Küche ein, aber wenn Grandmaman sie zum Helfen einstellen wollte, verzogen sie sich lieber wieder, bis die *Sambusaks* auf die Terrasse gebracht wurden. Ich half auch gern bei den Kohlrouladen und lernte, wie man die blanchierten Kohlblätter mit Hackfleisch und Reis füllte und dann zu einem großen Kohlkopf zusammenfügte.

MAHASHI KRONB
(GEFÜLLTER KOHLKOPF)

Dieses Gericht wurde von meiner Großmutter erfunden und bei besonderen Anlässen serviert.

In einem großen Topf 3 Liter Wasser zum Kochen bringen. Von einem großen Kohlkopf das Stammende abschneiden und unschöne Blätter entfernen. Den Kohl ins kochende Wasser legen und 10 Minuten kochen. Mit einem Schaumlöffel herausholen und unter kaltes Wasser halten. Gut abtropfen lassen. Die äußeren Blätter vorsichtig zurückziehen, sodass sie flach liegen, aber am Stamm bleiben. Mit einem Schälmesser die Blätter in der Mitte herausschneiden, voneinander trennen und die harten Mittelstiele entfernen.

1 Pfund Lammhackfleisch, 2 Teelöffel Kumin, 1 Teelöffel klein gehackten frischen Salbei, ¼ Tasse fein gehackte Petersilie, 2 klein gehackte Knoblauchzehen, ein leicht zerquirltes Ei, eine ¾ Tasse Langkornreis sowie Salz und Pfeffer nach Geschmack vermischen. 1 Esslöffel der Mischung auf ein vorbereitetes Kohlblatt legen, die Seiten einklappen und locker zusammenrollen, sodass ein kleines Bündel entsteht. Mit der restlichen Lammfleischmischung und den restlichen Kohlblättern ebenso verfahren. Eines der größeren Blätter übrig lassen.

Etwa ein Drittel der Bündel auf den flach nach außen geklappten äußeren Kohlblättern arrangieren, dabei einen 10 cm breiten Rand lassen. Die restlichen Bündel darauf schichten und mit dem großen Blatt abdecken. Die Kanten der nach außen geklappten Kohlblätter wieder hochklappen und das Ganze mit Küchengarn zusammenbinden; es sollte nach Möglichkeit wie ein unversehrter Kohlkopf aussehen.

In einen großen, tiefen Topf setzen, 1½ Tassen Hühnerbrühe und ½ Tasse Olivenöl dazugeben. Zum Kochen bringen, Hitze zurückdrehen, zudecken und 25 Minuten köcheln lassen, bis der Kohl ganz weich und zart ist. Den Kohlkopf vorsichtig auf eine Platte legen und das Küchengarn abschneiden. Am Tisch den Kohlkopf öffnen und mit Naturjoghurt servieren. Reicht für 8 bis 10 Portionen.

Wenn Ahmet von seiner Reise zurückkehrte, konnte meine Großmutter ihre Freude nicht verbergen. Sie begrüßte ihn wie einen guten alten Freund, erkundigte sich nach seiner Frau und seinen Kindern und ordnete umgehend ein Essen an. Danach entbrannte der Streit zwischen ihnen mit neuerlicher Leidenschaft, und zur großen Freude meines Großvaters kehrte der Haushalt zur Normalität zurück. Es kamen wieder Gäste zum Essen, die Klagen meiner Großmutter verstummten, ihre Müdigkeit verflog.

Das Abendessen war eine förmliche Angelegenheit: Grandpère saß am Kopf der Tafel, Grandmaman zu seiner Linken, der Gast des Abends zu seiner Rechten. Zuerst wurde die Suppe aufgetragen, gefolgt von gefülltem Rindfleisch oder gegrillter *Kobeiba* mit Reis, einem Eintopf aus Okra und Tomaten, einem Salat und zum Nachtisch Ahmets gloriosem Schokoladensoufflé. Der Reis war locker und köstlich, aber am besten schmeckte mir die knusprige, goldbraune unterste Schicht. In Ägypten wird der Reis erst in ein bis zwei Esslöffeln Öl angebraten, bevor man die Brühe hinzufügt, und am Boden lässt man ihn fast anbrennen. Der gedämpfte Reis wurde in einer Schüssel serviert, der knusprige gebräunte Reis in einem getrennten Gefäß. Ich hatte immer Angst, es könnte nichts mehr von dem angebrannten Reis übrig sein, wenn die Schüssel endlich zu mir gelangte, und machte deshalb ein so verzweifeltes Gesicht, dass Grandmaman mich als Erste versorgte, bevor die anderen Gäste an die Reihe kamen. Am Ende der Mahlzeit bekam jeder Gast eine Silberschale mit warmem Wasser und Rosenblättern, damit er sich die Fingerspitzen abwaschen konnte.

Im Jahr 1946 erschien Abdullah, Ahmets Sohn, an einem schönen Sommertag ohne jede Vorwarnung an unserer

ÄGYPTISCHER «GEBRATENER» REIS

2 Tassen Rundkornreis waschen und in einem Sieb zum Abtropfen beiseite stellen.

2 Esslöffel Öl in einem schweren Topf erhitzen. Wenn das Öl richtig heiß ist, den Reis hineingeben und anbraten, bis jedes Korn von einer Ölschicht überzogen ist. 3 Tassen heißes Wasser und Salz nach Geschmack hineingeben, rühren und ohne Deckel bei mäßiger Hitze kochen, bis das Wasser verdampft ist. Zudecken, Hitze reduzieren, weitere 30 Minuten kochen. Die obere Lage in eine Schüssel füllen. Die gebräunte Schicht mit einem Bratenwender vom Boden abkratzen. Man kann diese Schicht in mehrere Stücke brechen und auf den anderen Reis legen oder den gebräunten Reis in einer getrennten Schüssel servieren. Ergibt 6 Portionen.

Türschwelle – ein dünner zwölfjähriger Junge, schüchtern und mit einem gewinnenden Lächeln. Grandmaman gefiel es gar nicht, einen so jungen Bediensteten zu haben. «Er sollte zur Schule gehen, statt für mich zu arbeiten», sagte sie zu Ahmet. Damals war ich acht Jahre alt und sehr angetan von der Idee, einen neuen Spielkameraden zu bekommen. Wie gewöhnlich fanden Ahmet und Grandmaman einen Kompromiss. Jeden Morgen ging Abdullah auf die arabische Schule und jeden Nachmittag machte er sich im Haus nützlich. Abdullah wurde mein bester Freund. Er brachte mir das Radfahren bei, indem er mich fest hielt, während ich eine Runde nach der anderen um den Block wackelte. Und er beklagte sich dabei kein einziges Mal. Genau wie sein Vater verwöhnte mich auch er, kletterte auf den Mangobaum, um eine Mango für mich zu pflücken, oder schlich sich aus dem Haus, um für mich beim Straßenhändler *Zalabia* – winzige, in Fett gebackene und in Honig gewälzte Küchlein – zu kaufen, Köstlichkeiten, die von meiner Großmutter streng verboten waren.

Fast dreißig Jahre nachdem ich Ägypten verlassen hatte, kehrte ich mit meinem Mann und meinem Sohn nach Kairo zurück. Unser erster Halt galt dem Haus in der Garden City. Meine Großeltern waren inzwischen schon lange tot, meine Onkel und Tanten fortgezogen, aber das Haus stand noch. Ich spähte durch das schwarze Tor in den ziemlich verwahrlosten Garten und entdeckte den blühenden Mangobaum. Mit wild klopfendem Herzen klingelte ich an der Tür. Ein großer, gut aussehender Araber in einem langen Gewand und mit einem weißen Turban auf dem Kopf erschien. In gebrochenem Arabisch erklärte ich ihm, dass ich mit meinen Großeltern einmal in diesem

Haus gewohnt hatte. Plötzlich schlug er sich mit der Hand an den Mund und stieß einen spitzen Schrei aus. «Ich bin Abdullah, Ahmets Sohn», erklärte er. «Du bist zurückgekommen! Ich wusste es doch! *Al-hamd-lil-lah!* (Allah sei gepriesen!)» Am nächsten Morgen trafen wir uns in einem Café und Abdullah erzählte mir, dass sein Vater in sein Dorf in Oberägypten zurückgekehrt war, als meine Großeltern starben, und dass das Haus von meinem Onkel verkauft worden war. Abdullah hatte geheiratet, seine beiden Söhne waren inzwischen erwachsen, und er war jetzt Wächter des Grundstücks. Noch lange blieben wir zusammen sitzen, tranken starken Kaffee und erinnerten uns gemeinsam an den Geschmack der Speisen und an die Düfte in der Küche seines Vaters.

4
DIE HOCHZEITEN

EHESTIFTUNG und die sich daraus ergebenden Hochzeiten beanspruchten den größten Teil der Freizeit meiner Großmutter. Das Thema Heirat machte der älteren Generation viel Sorge. In ihren Augen verließen zu viele junge Leute den Familienclan, um Fremde zu heiraten, die sie dann in weite Ferne entführten. Mein Vater gehörte zu diesen Abtrünnigen, und selbst mein Großvater war der Ansicht, es sei keine gute Idee gewesen, dass er meine Mutter – eine Pariserin – geheiratet hatte, obgleich sie eine gute Mitgift gehabt hatte. Wenn ein junger Mensch nun beabsichtigte, einen anderen jungen Menschen zu heiraten, dessen Familienstammbaum sich nicht zweifelsfrei zurückverfolgen ließ, riefen meine Großeltern unweigerlich voller Entsetzen: «Wir wissen nicht einmal, wo er herkommt!»

Ein weiteres Problem war die Flucht ins Ausland, auch ohne die Ausrede einer Eheschließung. Einige meiner Cousins wollten nach Südamerika – *«au bout du diable!»* («ans Ende der Welt!»), meinte meine Großmutter und schüttelte heftig den Kopf, denn sie hatte wieder einmal das ungute Gefühl, dass sie die Kontrolle über ihre Sprösslinge zu verlieren drohte. In ihren Augen war es unbedingt erforderlich, Söhne und Töchter mit Leuten zu verheiraten, die man kannte, damit sich das Paar in Kairo oder Alexandria niederlassen konnte. Als meine jüngste Tochter verkündete, sie würde einen Deutschen heiraten und nach Berlin ziehen, reagierte ich ganz ähnlich. Ohne nachzudenken, platzte ich heraus: «Aber das ist am Ende der Welt! Wie kannst du nur so was machen?»

Ich belauschte oft Telefongespräche, in denen es darum ging, wer sich mit wem verabredete, welche junge Dame einen Ehemann brauchte, welcher Verehrer passend war oder eine gute (das bedeutete gut bezahlte) Stellung hatte. Auf beiden Seiten der Leitung wurden Fragen abgefeuert: «Wie groß ist Huguettes Mitgift? Hast du gehört, dass Jacob Levi Geld verloren hat und seine Tochter, das arme Mädchen, deshalb keine gute Partie machen kann? Oder womöglich einen Engländer oder einen Südafrikaner heiraten muss? Gott behüte! Warum musste Philip – der Nadia liebte – unbedingt diese hässliche, fette Soundso heiraten? Wegen ihrer immensen Mitgift vielleicht?» Grandmaman interessierte sich für den ganzen Klatsch und wurde oft gebeten, für einen jungen Menschen aus ihrem Freundeskreis einen passenden Partner zu finden. Sie war eine sehr gute Heiratsvermittlerin und verhalf vielen Kindern ihrer Freunde zu einer guten Ehe. Doch wenn es um ihre eigene Familie ging, erwies sich Grandmaman als weit weniger erfolgreich.

Mein Cousin Henri starb drei Monate nach seiner Hochzeit an Leukämie und hinterließ eine junge Witwe, die unserer Familie vorwarf, sie vor der Hochzeit absichtlich nicht über Henris Krankheit informiert zu haben.

Niemand wusste, wie man mit ihr umgehen sollte. Ziellos wanderte sie im Haus herum, bis meine Großeltern beschlossen, sie in Alexandria unterzubringen, wo sie später ein zweites Mal heiratete. Ein anderer meiner Cousins, Zaki, wurde in der Hochzeitsnacht ohnmächtig. Beunruhigt wegen der Gerüchte, die über ihren Ehemann in Umlauf waren, wurde seine Frau esssüchtig, was das ohnehin schon schwierige Verhältnis zu ihrem Mann noch problematischer machte. Damals war ich noch zu jung, um die Gerüchte zu verstehen, aber später erfuhr ich (übrigens an meinem eigenen Hochzeitstag!), dass Zaki homosexuell war – im Kairo der vierziger Jahre natürlich ein Skandal!

Vita, der Sohn meines Onkels Albert, trug ebenfalls sein Teil zur Heiratsstatistik bei. Vita hatte Medizin studiert und seinen Abschluss als Gynäkologe gemacht. Aber sein Vater verlor bei einem katastrophalen Geschäftsunternehmen sein Vermögen und konnte seinem Sohn deshalb nicht helfen, eine Praxis einzurichten. Als einzige Lösung blieb Vita nur, eine reiche Frau zu finden und zu heiraten. Die ganze Familie wurde bei der Suche nach einer Frau für ihn eingespannt. Schließlich machte Tante Odette eine mögliche Kandidatin ausfindig, eine Krankenwagenfahrerin bei der englischen Armee, die sie bei einer Party im Sportclub kennen gelernt hatte. Atemlos berichtete Odette, dass das Mädchen zurzeit Dienst in der Wüste hatte, unsere Familie sich aber mit ihren Eltern treffen könne, die zufällig übers Wochenende auf Besuch in Kairo weilten. Ein Dinner wurde geplant. Zu Ahmets großer Freude ordnete Grandmaman ein französisches Menü an. Mr. und Mrs. Anderson waren sehr englisch: Er groß und drahtig, mit einem ziemlich bleichen Gesicht und einem bleistiftdünnen Schnurrbart, seine Frau von umwerfend adligem Äußeren. Mein Cousin Vita war sehr zufrieden – er stellte sich vor, die Tochter würde bestimmt ihrer Mutter ähnlich sehen – und seine Eltern waren es ebenfalls. Ein paar Tage später tauchte die Tochter leibhaftig auf, und die Katastrophe nahm ihren Lauf. Mary war groß, aber sie war dick und farblos, eine schlechte Kopie ihres Vaters. Vita war am Boden zerstört und wollte die Idee mit der Heirat lieber wieder fallen lassen.

Ich war damals zwölf und fühlte mich sehr erwachsen, als ich neben ihm auf der Gartenbank saß, während er seine Zigarette rauchte und stöhnte: «Sie ist schrecklich … ich kann sie nicht heiraten! Aber ich muss …» Als ich erwiderte, ich würde bestimmt nie jemanden heiraten, den ich verabscheute, versuchte er mir zu erklären, dass seine Eltern im Krieg viel Geld verloren hatten und er sich um sie kümmern musste. Die Hochzeit fand in Alexandria statt und Grandmaman, die Vita abgöttisch liebte, weigerte sich, daran teilzunehmen.

Vitas Verlobte und ich kamen nicht gut miteinander aus. Wahrscheinlich benahm ich mich ihr gegenüber nach allem, was Vita mir gesagt hatte, etwas unhöflich. Als die Hochzeit geplant wurde, wollte sie mich daher nicht als Brautjungfer haben, womit ich allerdings im Stillen schon gerechnet hatte. An meiner Stelle ernannte sie meine Cousine Renée.

Das Paar ließ sich in Alexandria nieder, aber sehr zu Vitas Frustration und Ärger wurde die Mitgift nie ausbezahlt, sodass sein Opfer völlig umsonst gewesen war. Nach dem Krieg reiste er mit seiner Frau nach England, ein paar Monate später ließ er sich von ihr scheiden. Ich sah Vita nie wieder, aber ich denke oft an ihn und frage mich, was passiert wäre, wenn er damals auf seine zwölfjährige Cousine gehört hätte.

Das oberste Stockwerk des Hauses wurde von Tante Lydia bewohnt, der ältesten Tochter meiner Großmutter, zusammen mit ihrem Mann und ihren fünf Kindern. Meine Cousine Meg war Nummer drei, eine romantische Einzelgängerin, die endlose einsame Spaziergänge machte (was uns alle schockierte), im Garten Gedichte las und Einladungen ihrer Freunde zu irgendwelchen Vergnügungen rundweg ausschlug. Sie war fleißig und klug, aber im letzten Jahr auf der Highschool hatte sie ernsthafte Probleme in Mathematik. So beschloss Tante Lydia, dass Meg einen privaten Nachhilfelehrer brauchte, und stellte den Leiter des mathematischen Fachbereichs im Lycée ein, um ihr zu helfen. Pierre war Franzose, Ende dreißig und sehr nett. Zweimal die Woche kam er zu uns ins Haus, um Meg die höhere Mathematik zu lehren. Alle Kinder mochten ihn, und wenn ich, die ich in Mathematik ebenfalls eine Niete war, Hilfe brauchte, war Pierre immer gern bereit, auch mir unter die Arme zu greifen.

Als Meg am Ende des Jahres die Abschlussprüfungen mit fliegenden Fahnen bestanden hatte, kündigte sie an, dass sie Pierre heiraten wollte. Es war das erste Mal, dass ein junges Mädchen sich direkt nach der Schule und ohne Hilfe der Familie einen Ehemann aussuchte. Meg setzte einen Präzedenzfall, und später folgten andere Cousinen ihrem Beispiel.

Angeführt von Tante Lydia, machte sich die gesamte Familie daran, sie von ihrem Vorhaben abzubringen. Wer war Pierre denn schon? Was für eine Zukunft hatte ein

Mathematiklehrer an einem französischen Lycée? Wenn der Krieg vorbei war, würde er nach Frankreich zurückkehren – und dann? Er war zu alt … Meg war doch erst siebzehn! Endlose Familienkonferenzen wurden einberufen, Geschrei und Streit durchzogen das Haus. Aber am Ende gab Tante Lydia nach und es wurde ein Hochzeitstermin festgesetzt. Wie die meisten jüdischen Hochzeiten der damaligen Zeit sollte auch diese in der Wohnung der Braut stattfinden; Hochzeiten wurden nur in den seltensten Fällen in der Synagoge gefeiert. Megs Eheschließung fand in der Wohnung ihrer Eltern im dritten Stock unseres Hauses statt. Mit meinen sieben Jahren war ich sowohl Brautjungfer als auch Blumenmädchen, einfach gekleidet in ein kurzes, weißes Seidenkleid, mit einem Band im Haar. Nur der engste Familienkreis war bei der Feier zugegen, aber außer Meg, die glücklich war und strahlte, freute sich niemand so richtig. Wie sich herausstellte, war diese Ehe die einzige von Tante Lydias Kindern, die hielt – dreißig Jahre lang, um genau zu sein. Als der Krieg vorüber war, zogen die beiden nach Paris. 1975 starb Pierre; Meg lebt noch, ist aber inzwischen sehr alt.

Grandmaman hatte neun Kinder. Als wir nach Ägypten kamen, waren ihre Kinder, bis auf die beiden jüngsten Töchter Marise und Monique, alle verheiratet. Das «Problemkind» war Marise, denn sie war, wie meine Großmutter manchmal flüsternd erklärte, ein bisschen «langsam» – ein Euphemismus dafür, dass sie geistig zurückgeblieben war. Doch Marise war wunderschön: groß, schlank, blond, mit riesigen blauen Augen, die immer ein wenig abwesend wirkten. Als junges Mädchen hatte man Marise zu Hause behalten und ihr einen Privatlehrer zugeteilt, der ihr Lesen und Schreiben beibrachte. Ich liebte Marise, weil sie im Geist ein kleines Mädchen geblieben war und sehr gern mit mir spielte. Wenn wir spazieren gingen, sagte Grandmaman immer zu mir: «Halt ihre Hand gut fest. Verlier sie nicht.» Marise liebte Blumen und hatte ein ungewöhnliches Talent zum Malen. Stundenlang saß sie an ihrer Staffelei auf der Terrasse und malte die Blumen im Garten unter sich. Oft schenkte sie mir ihre bezaubernden Aquarelle, die ich stolz und für jeden sichtbar an den Wänden meines Zimmers aufhängte. Als ich nach dem Krieg aus Ägypten wegzog, nahm ich sie mit; erst vor ein paar Jahren musste ich sie wegwerfen, weil das Papier gelb und brüchig geworden war.

Man riet meinen Großeltern davon ab, Marise zu verheiraten, aber sie hielten nichts davon – sie weigerten sich ohnehin zu akzeptieren, dass ihre schöne Tochter geistig behindert war. Wenn sie unverheiratet blieb, würden die Leute tratschen. Außerdem denke ich, dass Grandmaman sich Sorgen um Marises Glück machte. Wie jeder Mensch ihrer Generation glaubte auch meine Großmutter, dass die Ehe die höchste – und einzige – Erfüllung des Lebens sei.

Doch die Familie war gespalten: Tante Fortuné, die von all meinen Tanten am modernsten dachte, fand, meine Großeltern sollten sich an die Vorgaben des Arztes halten und Marise zu Hause lassen. Tante Marie dagegen glaubte, dass Marise das Haus verlassen und heiraten sollte. Als die Suche nach einem passenden Ehemann begann, übernahm Tante Marie die Leitung der Aktion. Nach ein paar Monaten und nach einigen erfolglosen Versuchen fand sie endlich einen Kandidaten: Abel, einen niederen Angestellten aus Großvaters Kaufhaus. Man versprach ihm eine gute Position und er erklärte sich bereit, Marise zu ehelichen.

Eine Hochzeit im kleinen Kreis wurde geplant und ich, inzwischen acht Jahre alt, sollte die einzige Brautjungfer sein. Ich erinnere mich noch gut an mein Kleid: ein langes, bauschiges Tüllkleid mit kleinen rosa Blumen um den Hals. Natürlich fühlte ich mich darin schön wie ein Engel und wollte es am liebsten jeden Tag anziehen. Marise trug ein weich fließendes weißes Seidenkleid und blaue und weiße Blumen in ihrem blonden Haar. Sie sah wundervoll aus, aber ihr Gesicht wirkte abwesender denn je; offenbar wusste sie nicht recht, was mit ihr geschah. Die religiöse Zeremonie fand in unserem Salon statt. Ich ging mit einem Körbchen voller rosaroter Rosenblätter vor ihr her, aber in meiner Sorge um Marise vergaß ich vollkommen, sie auf den Teppich zu streuen. Während der Zeremonie stand ich neben ihr und sie hielt meine Hand umklammert. Meine Cousine Renée hatte gehört, Abel sei unfreundlich und grob. Nach der Hochzeit gab es ein kleines Essen, aber ich kann mich nicht einmal mehr daran erinnern, was es gab oder wie es serviert wurde. Ich saß allein in einer Ecke und weinte, weil mir klar wurde, dass ich eine Freundin verloren hatte.

Am nächsten Tag kam Marise in mein Zimmer, setzte sich an mein Bett und begann zu weinen. Obwohl ich nicht genau verstand, warum, hielten wir einander minutenlang fest. Jahre später erzählte mir Aishe, dass die Hochzeitsnacht Marise große Angst gemacht hatte. Neun Monate später brachte Marise ein kleines Mädchen zur Welt, das aber nicht überlebte, und wenige Wochen danach starb sie selbst an einem Aneurysma. Zur offenkundigen Erleichterung der ganzen Familie verschwand Abel wieder aus unserem Leben.

Wochenlang wanderte ich tieftraurig durchs Haus, denn wieder hatte ich eine Freundin verloren, die ich innig geliebt hatte. Außerdem hatte ich wohl auch das Gefühl, sie im Stich gelassen zu haben – ich hätte sie vor ihrem Ehemann beschützen sollen. Eines Nachmittags packte ich in einem plötzlichen Anfall blinder Wut eine Schere und zerschnitt mein geliebtes Brautjungfernkleid in kleine Stücke. Meine Großmutter fand mich auf dem Fußboden, umgeben von einem kleinen Hügel zerfetztem Tüll, nahm mich in die Arme und wir weinten beide. «Du hattest Recht», flüsterte sie mir ins Ohr, und da liebte ich sie mehr denn je.

Meine Tante Monique, das Baby der Familie, war das genaue Gegenteil von Marise. Sie war klein und dünn, mit einem wilden kastanienbraunen Lockenkopf wie meine Großmutter, unabhängig, eigensinnig und sehr intelligent. Zum Entsetzen der gesamten Familie verkündete Monique an ihrem achtzehnten Geburtstag, dass sie studieren wollte, um sich – undenkbar! – später eine Stelle in einem Büro zu suchen. Palacci-Frauen sollten heiraten, sich um ihr Äußeres kümmern, in den Sportclub gehen, schwimmen, Tennis spielen, sich mit ihren Freundinnen treffen und auf dem Dach des Semiramis Hotels (dem besten der Stadt) die Nacht durchtanzen. Jeden Abend gab es Streit, und wieder war es Tante Fortuné, die Monique zu Hilfe kam: «Warum soll sie denn nicht auf die Universität gehen?», sagte sie zu meiner Großmutter. «Dann ist sie als Frau nur noch attraktiver, oder etwa nicht? Ganz bestimmt wird sie sowieso heiraten, bevor sie eine Arbeitsstelle findet!»

Jeden Morgen wurde Monique nun also zur Universität von Kairo gefahren; wir anderen stiegen unterwegs vor der französischen Schule aus. Im Herbst darauf informierte uns Monique, dass sie eine Teilzeitstelle als Chefsekretärin beim englischen Offiziersclub angenommen hatte. Mein Großvater schnaubte vor Wut, aber meine Großmutter schlug sich auf Moniques Seite und gab zu bedenken, dass ihre Tochter dort eine Menge potentieller Heiratskandidaten kennen lernen würde. Tante Marie schüttelte den Kopf, während meine Cousinen Alice und Renée, die kurz vor dem Schulabschluss standen, Monique mit unverhohlenem Neid betrachteten.

Die nächsten Monate sahen wir Monique nur selten. Ihr Leben erschien mir höchst mysteriös. Morgens ging sie zur Universität, dann direkt in den Club, wo sie pro Woche mindestens drei Abende verbrachte. Mein Großvater beklagte sich die ganze Zeit darüber, dass sie zu selten zu Hause sei, und fügte jedes Mal als krönenden Höhepunkt hinzu: «Warum in aller Welt musst du unbedingt arbeiten gehen?» Dann lachte Monique, drückte meinem Großvater einen Kuss auf die Stirn und erklärte ihm, er sei zwar von gestern, aber sie liebe ihn trotzdem.

Zwei Monate später, als die ganze Familie am frühen Abend auf der Terrasse saß, *Mezze* aß – die kleinen Platten mit verschiedenen Appetithäppchen, die an den meisten Abenden gereicht wurden – und plauderte, ließ Monique die Bombe platzen. «Mein Verlobter wartet draußen, ich will ihn euch vorstellen. Bitte seid nett zu ihm … und Papa … bitte stell ihm noch keine Fragen.» Zwei Minuten später kam Monique zurück, mit einem schüchternen, widerstrebenden jungen Mann im Schlepptau. George

Harris war ein mittelgroßer englischer Offizier, um die dreißig, mit einem zurückweichenden Haaransatz und einem kleinen Bäuchlein. Man machte sich miteinander bekannt, während Alice und Renée haltlos kicherten. George nahm zwischen meinen Großeltern Platz und saß dort wie ein Häufchen Elend. Grandmaman lächelte, Grandpère blickte streng in die Runde und alle Tanten, Cousins und Cousinen glotzten den «armen George» an, wie er von Stund an bei der ganzen jüngeren Generation hieß.

In den nächsten Tagen gab es die üblichen Zankereien wegen der Mitgift; mein Großvater holte diskret Informationen über seinen zukünftigen Schwiegersohn ein. Zum Leidwesen meiner Großeltern verkündeten Monique und George, dass sie nach der Hochzeit nach Kenia auswandern wollten, wo die Kinder von Tante Marie eine Ranch besaßen. Schon wieder verließ ein Paar die Heimat! Auch diesmal sollte ich Brautjungfer sein. Seit Marises Tod hatte die Vorstellung, Brautjungfer zu sein, für mich allen Glanz verloren, aber wenigstens war ich nicht die einzige Auserwählte: Monique hatte außer mir noch zwei meiner Cousinen als Teil der *Cortège* auserkoren. Georges Referenzen waren ehrenhaft und die Hochzeit der beiden ist mir als ein typisch überschwängliches und großartiges Ereignis im Gedächtnis geblieben.

Die Zeremonie sollte in einem Zelt im Garten hinter dem Haus stattfinden. Da George protestantisch war, gab es keine typisch jüdischen Rituale, aber der Rabbi hatte sich bereit erklärt, die Trauung zu vollziehen. Dies war nicht ungewöhnlich, denn während des Krieges waren interkonfessionelle Eheschließungen keine Seltenheit. Es sollte einen Cocktail-Empfang im Garten geben, mit Champagner und Petits Fours (die Schweizer Konditorei Groppi, die gleichzeitig einen *Salon de thé* betrieb, steuerte die Petits Fours und auch eine ihrer berühmten dreistöckigen Hochzeitstorten bei), gefolgt von einem Büfett mit von Ahmet zubereiteten Speisen, und meine Tanten versuchten, sich mit ihren jeweiligen Spezialitäten zu übertreffen. Zusätzliches Dienstpersonal wurde angeheuert und eine arabische Sängerin engagiert, die samt ihrem *Tackti* (Orchester) auftreten sollte. Schon Wochen vor dem großen Ereignis hallte das Haus wider von geschwätzigen Telefongesprächen und leidenschaftlichen Putzaktionen; um die Frauen schwirrten ständig Schneiderinnen herum. Außer um Monique. Wiederholt wurde sie zur Anprobe gerufen, aber sie war nirgends aufzutreiben. Der arme George war vollkommen überwältigt vom Überschwang unserer Familie und hielt sich so weit wie möglich aus dem Trubel heraus. Monique ihrerseits versuchte schon jetzt, George glücklich zu machen, und folgte ihm auf seine «Exkursionen».

Ein paar Tage vor der Hochzeit wurde ein großes Zelt aus reich bestickter Leinwand im Garten aufgerichtet. Vom Tor zum Haupteingang wurde ein roter Teppich ausgerollt, ein weiterer bildete einen Pfad zum Zelt. Die Türen von Wohn- und Esszimmer standen offen, mehrere Tische waren üppig gedeckt. Ich hatte im Haus nur Zutritt zu meinem eigenen Zimmer und – o Freude! – zur Küche. Ahmet hatte sich in einen tanzenden Derwisch verwandelt, der den fünf Helfern in der Küche Anweisungen zubellte und selbst fieberhaft arbeitete. Sogar ich bekam eine Aufgabe: Ich sollte die Erbsen enthülsen (jede zehnte landete in meinem Mund und in der folgenden Nacht wurde mir übel), Knoblauch schälen und Aishe beim Zusammenrollen der gefüllten Weinblätter helfen.

Am Tag der Hochzeit erschien mir Grandmaman – aufgeregt, aber wunderschön in ihrem beigen Spitzenkleid, mit langen Perlenketten über dem üppigen Busen – wie eine leibhaftige Königin. Monique stand lächelnd vor dem Spiegel, die lockigen Haare von einer kleinen Perlenkappe gekrönt und mit einem langen Schleier, während die Schneiderin mit Stecknadeln im Mund in letzter Minute noch irgendwelche Änderungen an ihrem Brautkleid vornahm. Um fünf Uhr nachmittags erschienen die Gäste und wurden von Platzanweisern in Empfang genommen, die sie zum Zelt führten, wo George, prächtig anzusehen in seiner Armeeuniform, ziemlich nervös neben seinem Captain stand. Nun warteten die Gäste und der Rest der Familie auf die Braut. Alice, Renée und ich – die Brautjungfern – hektisierten in der Halle herum, bewunderten unsere weißen Seidenkleider und die kunstvoll in unseren Haaren arrangierten Blumen. Ich trug eine große Kerze, Alice und Renée Sträuße mit weißen und rosa Blumen.

An die Zeremonie kann ich mich kaum erinnern, so sehr musste ich mich auf die Kerze konzentrieren, die ständig auf mein Engelskleid zu tropfen drohte. Als ich dann endlich die Rufe *«Mabrouk!»* («Herzliche Glückwünsche!») hörte, wusste ich, dass die Zeremonie überstanden war. Jeder Gast bekam beim Verlassen des Zelts einen kleinen silbernen Aschenbecher mit weiß und silbern glasierten Mandeln, eingepackt in weißen Tüll und mit einem rosa Band zusammengebunden. Ich besitze noch heute eine Kollektion silberner Aschenbecher von den vielen Hochzeiten, bei denen ich Brautjungfer war. Nach der Feier lauschten die Gäste der arabischen Sängerin, aßen Petits Fours und tranken Champagner, bis der Gong zum Dinner ertönte. Vor der Hochzeit hatte ich das Speisezimmer nicht betreten dürfen, deshalb war ich jetzt völlig überwältigt von den reich beladenen langen Tischen, hinter denen vier Kellner in prächtigen Galabeyyas

GEBRATENE MUSCHELN

Für den Teig löst man eine Packung Trockenhefe und einen Esslöffel Zucker in einer Tasse Wasser auf und lässt die Mischung dann 15 Minuten ruhen.

1 Tasse Mehl, 2 Esslöffel geschmolzene Butter, ¼ Teelöffel Salz und 2 Eigelb in einer Schüssel vermischen. Die Hefe dazugeben, gut verrühren und zugedeckt 10 Minuten an einen warmen Ort stellen. 2 Eiweiß steif schlagen und unter die Mehlmischung heben. Der Teig wird ziemlich flüssig.

1½ Pfund frische Miesmuscheln waschen und mit ½ Tasse Weißwein sowie Salz und Pfeffer in einen großen Topf geben. Zudecken und bei kräftiger Hitze 7 bis 10 Minuten – oder bis die Muscheln aufgegangen sind – kochen, dabei den Topf gelegentlich schütteln. Muscheln aus der Schale holen. Den Sud für die Tarator-Sauce aufbewahren.

Muscheln mit Mehl bestäuben, in den Teig tauchen und in 2 Tassen heißem Öl goldbraun braten. Heiß oder kalt mit Tarator-Sauce servieren. Reicht für 4 Personen.

mit breiten roten Schärpen standen. Auf einem Tisch standen die kleinen Gefäße mit den *Mezze*: Weinblätter, gefüllt mit Safranreis, Tomaten, Petersilie und Zwiebeln; Auberginenpüree mit Joghurt und kleinen Fleischklößchen; gebratene Auberginen mit Knoblauch; Auberginenkaviar; Lammhirnsalat mit Porree, Knoblauch, Zitrone und Kumin; gebratene Hühnerklößchen; in Olivenöl gedünstete Artischockenherzen; dünne Scheiben *Batarekh* (gepresster geräucherter Fischrogen) auf Toast, gekrönt mit Crème fraîche und einem Stückchen Zitronenschale. Es gab gebratene Muscheln; Scheiben fanzösischer Paté; Körbe mit hauchdünn aufgeschnittener italienischer Salami; *Loubiya*, einen Salat aus Langbohnen – eine meiner Leibspeisen; einen weiteren Salat aus Knollensellerie und Fenchel in Zitronen-Vinaigrette. Die ganze letzte Nacht durch hatte Ahmet noch geschuftet und Hunderte winziger warmer *Sambusaks* produziert.

Auf einem zweiten Tisch waren Fleisch, Fisch und Gemüse aufgebaut. Ich starrte die riesigen gebratenen Lammkeulen an; Ahmets berühmte Entengalantine; winzige, mit Reis und gerösteten Mandeln gefüllte Tauben (ein Gericht, das besonders gern für junge Paare zubereitet wird, als Symbol für ein schönes Leben voller Liebe); *Kofta*, kleine Fleischbällchen in einer Aprikosensauce, und unzählige weitere Köstlichkeiten. Zum Dessert gab es nicht nur die Hochzeitstorte, sondern Eiscreme aus Büffelmilch; Pyramiden von Aprikosenpudding; mit Pistazien gefüllte *Kunafa; Zalabia*, die winzigen, leichten, knusprig gebratenen, in Honig und Orangenblüten gewälzten Gebäckstücke; papierdünnes, mit klein gehackten Walnüssen gefüllte Blätterteigpastetchen.

Ich aß, bis ich mich nicht mehr rühren konnte, während ich dem klagenden Gesang der Sängerin lauschte. Gegen zehn Uhr brachen Monique und George zum Mena House auf, dem Hotel gegenüber den Pyramiden, wo alle Paare die ersten Tage ihrer Flitterwochen verbrachten. Der arme George, der sich sein Leben lang vor meinem Großvater fürchtete, war sicher froh, endlich aus den Klauen unserer überwältigenden Familie entkommen zu sein.

Obgleich Monique und George kinderlos blieben, was vor allem Monique sehr betrübte, führten sie eine glückliche Ehe. Nach dem Krieg zogen sie nach Südafrika. Monique hielt den Kontakt zu mir aufrecht, solange ich in Paris lebte, aber als ich nach New York zog, verlor ich sie aus den Augen. Das Einzige, was ich noch hörte, war, dass George Ende der siebziger Jahre starb.

TARATOR-SAUCE

Diese Sauce wird bei Hochzeiten oder Partys gern zu heißen oder kalten Fischgerichten serviert.

Von 2 Scheiben Weißbrot die Kruste entfernen. Das Brot in etwas Wasser einweichen, dann ausdrücken. Zusammen mit 1 Tasse Pinienkerne, 2 klein gehackten Knoblauchzehen und dem Saft von 2 Zitronen in den Mixer geben oder mit dem Pürierstab pürieren. Wenn die Sauce zu dickflüssig ist, von dem Muschelsud (oder der Fischbrühe) dazugeben und weiterrühren, bis man eine glatte Masse erhält. Ergibt etwa 2 Tassen.

Brautjungfern bekamen von der Braut immer etwas aus Gold geschenkt, und so überreichte Monique uns dreien kurz vor ihrer Abfahrt je einen goldenen Armreif. Als ich viele Jahre später mit meinem Mann in Italien lebte und wir pleite waren, erwiesen sich meine Armreifen als sehr nützlich. Immer wenn ich einen davon verkaufte, konnten wir die nächsten zwei Wochen davon leben. Von den etwa zwanzig Armreifen, die ich einmal besessen habe, sind jetzt nur noch zwei übrig, und die trage ich immer. Einen hat mir mein Großvater geschenkt, als ich nach Paris zog (ich würde den alten Mann nie wieder sehen). Der zweite stammt von Moniques Hochzeitstag.

Wenn ich mir meine älteste Tochter ansehe, muss ich

LOUBIYA

Ein Salat aus Langbohnen.

1 Pfund Langbohnen mit Wasser bedeckt über Nacht einweichen. Wasser abgießen, die Bohnen in einen Topf geben, mit Wasser bedecken und zum Kochen bringen. Hitze herunterschalten und 40 Minuten – oder bis die Bohnen weich sind – köcheln lassen. Abgießen und zum Abkühlen beiseite stellen.

7 Knoblauchzehen in einen Mörser geben, mit Salz bestreuen und zerstoßen, bis ein Brei entsteht.

Nach und nach 2 Esslöffel Zitronensaft und 2 bis 3 Esslöffel Olivenöl einarbeiten. Mit Salz und Pfeffer würzen und über die Bohnen gießen. Vermischen und mit 1 Esslöffel klein gehackter Petersilie bestreuen. Ergibt mindestens 4 Portionen.

KOFTA (FLEISCHBÄLLCHEN MIT APRIKOSENSAUCE)

1 Pfund Lammhackfleisch mit 2 kleinen, gut gewaschenen und fein gehackten Stangen Lauch, 1 Esslöffel ungekochtem Reis und 2 Eiern mischen. 1 Esslöffel Olivenöl, 1 Esslöffel klein gehackten Koriander, Salz und Pfeffer hinzufügen und ebenfalls vermischen. Walnussgroße Kugeln daraus formen. Die Fleischbällchen mit 1½ Tassen Hühnerbrühe in einen großen Topf geben. 20 Minuten köcheln lassen, dabei bei Bedarf Wasser hinzufügen. Dann die Fleischbällchen abgießen und abkühlen lassen.

Klößchen in Mehl rollen und in einer großen Bratpfanne zwei Esslöffel Butter schmelzen. Wenn die Butter heiß ist, die Klößchen hineingeben und 5 bis 6 Minuten anbraten, bis sie schön braun sind.

Für die Sauce 1 Tasse getrocknete Aprikosen mit Wasser bedeckt 2 Stunden einweichen lassen. Dann abgießen, in den Mixer geben oder mit dem Pürierstab pürieren. 10 klein gehackte Knoblauchzehen hinzufügen, 1 Teelöffel gemahlenen Koriander und 1 Esslöffel Olivenöl. Das Ganze pürieren. Weiterrühren und dabei 3 Tassen Hühnerbrühe dazugeben. Mit Salz und Pfeffer nach Geschmack würzen, in einen Topf geben und 5 Minuten köcheln lassen, dabei mit einem Holzlöffel umrühren. Die Sauce über die Fleischbällchen geben und servieren. Ergibt 4 Portionen.

immer an Monique denken. Marianne ist eigensinnig und klug und wenn sie eine unpopuläre Entscheidung trifft, sagt sie immer: «Keine Sorge, ich weiß, was ich tue.»

Während ich über diese Hochzeiten schreibe, wird mir schmerzlich klar, dass das Band, das meine Familie in Ägypten zusammenhielt, für immer zerrissen ist. Obgleich ich vergeblich versucht habe, meine Kinder in der Nähe zu behalten, haben sie unser großes Haus ebenso verlassen, wie ich es damals tat, als ich heiratete und nach Amerika auswanderte. Zwei von ihnen haben weit weg eine Familie gegründet, und jetzt weiß ich, wie sich meine Großeltern gefühlt haben müssen, als ihre kleine Dynastie auseinander brach.

5

GRANDMAMANS POKERTAG

MEINE Großmutter hatte viele Freunde und Verwandte. Unter diesen befanden sich acht Frauen, die sich alle seit ihrer Kindheit kannten. Ein paar waren, wie Tante Marie, Witwen mit Kindern, manche der Ehemänner arbeiteten für meinen Großvater oder waren alte Freunde von ihm. Jeden Tag verbrachten diese acht Frauen Stunden am Telefon und tauschten den neuesten Klatsch aus, unterhielten sich über ihre Kinder und beklagten sich über ihre Dienstboten, Köche oder ihre Schwiegertöchter und Schwiegersöhne. Jede Frau hatte *son jour de recevoir*, ihren Tag, an dem sie nachmittags Gäste zum Poker- oder Canastaspielen empfing. Am frühen Abend gesellten sich dann die Ehemänner zu ihnen, es wurde gegessen, und danach spielten Frauen und Männer gemeinsam bis in die frühen Morgenstunden mit hohen Einsätzen Poker. Hunderte, manchmal Tausende ägyptische Pfund wechselten den Besitzer, alles natürlich zum Spaß.

Ich hasste diese Tage, denn sie stellten mein ganzes Leben

auf den Kopf. Grandmamans Tag war der Samstag, alle acht Wochen. Schon tags zuvor begannen die Vorbereitungen. Früh am Morgen, ehe die Sonne zu heiß brannte, wurde der ganze Haushalt zum Putzen abgestellt, die Terrasse gewischt und ein Festessen kreiert.

Zuerst riss man die Fenster im Salon weit auf. Dann hängte man die Orientteppiche über das Verandageländer. Energisch klopfte Abdullah mit einem langstieligen, vorn wie ein vierblättriges Kleeblatt geformten Klopfer den Staub aus den Teppichen. Während der Arbeit sang er ein Lied. Sobald ich ihn hörte, rannte ich im Nachthemd zu Abdullah und bettelte, es auch einmal versuchen zu dürfen. Innerhalb von fünf Minuten war ich von oben bis unten mit Staub bedeckt. Plötzlich erschien meine Großmutter und schrie Abdullah an, er habe offensichtlich kein Fünkchen Verstand im Kopf, mich so etwas Undamenhaftes tun zu lassen. Dann packte sie mich, verbannte mich in mein Zimmer und gab Aishe die Anordnung, mich in der Badewanne gründlich abzuschrubben.

Nach dem Ausklopfen wurden die Teppiche wieder an Ort und Stelle gelegt, die Möbel abgestaubt und vier oder fünf kleine Kartentische im Salon aufgestellt. Unmengen von Blumen wurden angeliefert und Marise, die als die Künstlerin der Familie galt, arrangierte sie überall im Zimmer. Während der nächsten vierundzwanzig Stunden durfte kein Mensch den Salon betreten.

Zum Pokertag holte man das «gute» Silber, das verschnörkeltste und schwerste Besteck, aus den Schubladen und polierte das silberne Kaffeeservice, das anscheinend bei jeder ägyptischen Familie samt Silbertablett auf irgendeinem Büfett herumstand. Für diese Arbeiten waren Aishe und die Frau des Portiers zuständig. Ich setzte mich zu ihnen und hörte zu, wie sie über die männlichen Dienstboten der benachbarten Häuser tratschten. Zwischen Polieren und Tratschen knabberten sie getrocknete Melonenkerne, die sie zwischen den Schneidezähnen aufknackten. Rasch lernte ich, es ihnen nachzutun, eine Gewohnheit, die meine Großmutter ganz und gar nicht billigte. Wenn die beiden anderen Angst hatten, die Kerne zu essen, weil sich Grandmaman in der Nähe aufhielt, kauten sie *Mastic*, eine Art Harz, durchsichtig und steinhart, das sich nach wahrhaft heroischen Kauanstrengungen in eine klebrige weiße Paste verwandelt. Als ich sechs war, versuchte Aishe, mir beizubringen, wie man Mastic kaut, aber meine armen Milchzähne taten so weh, dass ich den Versuch rasch wieder aufgab, zur großen Erleichterung meiner Großmutter, die über Leute, die gern kauten, immer sagte: «*Ils ressemblent à des vaches espagnoles*» («Sie sehen aus wie spanische Kühe»). Bis heute kaue ich keinen Kaugummi und versuche oft, es meinem Enkel Matthew abzugewöhnen, der dabei auch noch Blasen macht. Matthew findet mich komisch. «Du bist eben keine Amerikanerin, Grandmaman», sagt er gern mit einem kleinen Lächeln, das mich dazu bringen soll, ihm Kaugummi zu kaufen.

An den Freitagen vor den Pokertagen gingen Grandmaman und Ahmet zusammen auf den Markt, allerdings fuhren sie nicht in der offenen Kutsche wie bei den Einkaufsfahrten mit Abdullah, sondern in Großvaters Auto. Ahmet saß neben dem Chauffeur, und wenn ich mitkommen durfte, thronte ich auf dem Rücksitz neben Grandmaman. Bei unserer Rückkehr war mein Sitz voll gepackt mit Paketen und ich musste mich vorn zwischen den Chauffeur und Ahmet quetschen.

Die Szene auf dem Markt war ganz anders, wenn Ahmet dabei war. Meine Großmutter war zurückhaltender und stand oft schweigend daneben, wenn Ahmet mit den Verkäufern über Preis und Qualität der Ware verhandelte. Doch eines Tages passierte etwas wirklich Erschütterndes; wenn Ahmet nicht gewesen wäre, hätte es leicht das Ende von Großmutters Lieblingsbeschäftigung bedeuten können. Wir befanden uns zwischen dem Geflügelhändler und dem Wassermelonenhändler, und auf einmal begann Ahmet einen jungen Mann neben sich anzuschreien und zu beschuldigen, er hätte sein Geld gestohlen. Im Handumdrehen waren die beiden mitten in einem Streit und auf einmal wurde die Situation äußerst unangenehm. Die Menge, die sich um uns herum versammelt hatte, schien feindselig gestimmt, und der Mann ging dazu über, meiner Großmutter Beleidigungen an den Kopf zu werfen. Niemals werde ich die Angst auf Grandmamans Gesicht vergessen. Sie legte schützend den Arm um mich, erdrückte mich dabei aber fast, während Ahmet und der Wassermelonenverkäufer sich bemühten, den jungen Mann und die Umstehenden zu beruhigen. Schließlich traf die Polizei ein, durchsuchte den jungen Mann, fand Ahmets Brieftasche bei ihm und nahm ihn fest. Dann eskortierte man uns zum Auto zurück. Zum ersten Mal durfte ich hinten sitzen. Meine Großmutter hielt mich fest und ich spürte, dass sie immer noch zitterte – solche Angst hatte der Vorfall ihr gemacht. Abends schalt mein Großvater meine Großmutter und Ahmet und verbot Grandmaman, jemals wieder auf dem Markt einkaufen zu gehen. Die nächsten

GEFÜLLTE WEINBLÄTTER

Eine 1-Pfund-Packung Weinblätter unter fließend kaltem Wasser waschen, um die Lake abzuspülen. In eine Schüssel legen, mit kochendem Wasser übergießen und 5 Minuten stehen lassen. Abgießen und abkühlen lassen.

1 Pfund Lammgeschnetzeltes mit 1 Tasse ungekochtem Reis, ½ Tasse klein gehackter Petersilie, ⅓ Tasse Olivenöl, ¼ Tasse Zitronensaft, 1 Teelöffel Kumin sowie Salz und Pfeffer nach Geschmack gut vermischen. Die Weinblätter auslegen. Auf die Mitte eines Blatts einen Esslöffel der Fleisch-Reis-Füllung geben. Die Basis des Blatts über die Füllung klappen, die Seiten nach innen falten und das Blatt eng einrollen, sodass sich ein Zylinder von etwa 6 cm Länge und 1 bis 2 cm Dicke ergibt. Auf die gleiche Weise mit den anderen Blättern verfahren, bis die Füllung aufgebraucht ist.

Den Boden eines schweren Topfs mit losen Weinblättern bedecken. Eine Schicht gefüllter Blätter eng nebeneinander, mit dem Saum nach unten, darauf verteilen und eine weitere Schicht darüber legen, bis alle Weinblätter verbraucht sind. Das Ganze mit 3 oder 4 losen Blättern bedecken. ¼ Tasse Olivenöl und 2 Tassen Hühnerbrühe darüber gießen. Zudecken und zum Kochen bringen. Hitze drosseln und 45 Minuten köcheln lassen. Wenn die gefüllten Weinblätter gar sind, auf einer Platte anrichten und ¼ Tasse Zitronensaft darüber geben. Heiß oder kalt mit Joghurt oder Tehina servieren. Ergibt etwa 30 bis 40 Weinblätter.

zwei Monate schickte Grandmaman Ahmet denn auch allein zum Einkaufen, aber sie vermisste das Abenteuer und nahm ihre wöchentlichen Unternehmungen bald wieder auf. Ich jedoch musste ein ganzes Jahr lang warten, ehe ich sie wieder begleiten durfte.

Wenn das Putzen und Einkaufen für den Pokertag erledigt war, brach in der Küche das Chaos aus. Grandmaman bereitete persönlich ihre berühmten *Sambusaks* zu, große Auberginen rösteten auf dem Primuskocher, auf der Küchenanrichte standen mehrere Schüsseln, in denen Lammkeulen mariniert wurden, an einem kleinen Tisch füllten Aishe und der Chauffeur Weinblätter mit einer Mischung aus Reis und Lammgeschnetzeltem. Wenn ich mich still neben Aishe setzte, durfte ich in der Küche bleiben und helfen, die Weinblätter einzurollen. Unterdessen bereitete Ahmet eine Entengalantine zu, die in Scheiben mit einem dunklen, glatten Gelee serviert wurde. Ich liebte es, Ahmet dabei zuzusehen, wie er mit seinen geschickten Händen den Entenrücken schnitt, sodass er flach auf der marmornen Arbeitsplatte lag, und ihn dann langsam und sorgfältig entbeinte. Er entfernte das Entenfleisch, hackte es zusammen mit den Gewürzen klein und fügte Pistazien hinzu. Dann wurde die Haut der Ente um die Füllung gewickelt und Ahmet nähte sie mit einer Nadel und Küchengarn zu, sodass sie am Ende wie eine fette Wurst aussah. Der Duft der bratenden Ente durchzog das Haus und machte mich sehr hungrig.

Nach einer Weile vergaß ich natürlich meine guten Vorsätze und begann loszuplappern, stellte Fragen oder bettelte, etwas probieren zu dürfen. Oft klaute ich ein paar von den Pistazien, die Ahmet am Morgen mühsam von der

Schale befreit hatte. Wenn er mich dann in einem für ihn untypischen Anfall von Ungeduld aus der Küche warf, wanderte ich wie eine verlorene Seele ruhelos im Haus umher. Wieder einmal fühlte ich mich verlassen, denn es kam mir vor, als wäre ich nirgends willkommen.

Für die Desserts waren meine Tanten zuständig. Tante Fortuné bereitete ihren Spezialnachtisch zu: mit Walnüssen gefüllte Trockenpflaumen in Brandy-Sirup. Tante Lydia produzierte eine Art vielfarbigen Turm aus Götterspeise, der unweigerlich einstürzte, sobald der erste Gast sich an ihn heranwagte. Danach sah das Ganze recht unansehnlich aus, aber Grandmaman sagte nie etwas, weil – wie sie mir eines Tages erklärte – Tante Lydia nämlich nicht kochen konnte. Tante Becca brachte eine Schale von ihrem leichten, knusprigen, goldenen *Zalabia*, von dem ich so viel wie möglich verschlang, wenn gerade niemand hinsah.

Am Samstagmorgen wurden die restlichen Gerichte zubereitet. Für die *Mezze* briet man kleine Stücke Lammleber mit Zwiebeln und Kumin, die mit Zitronensaft beträufelt, mit Petersilie bestreut und kalt serviert wurden. *Hummus*, das traditionelle Kichererbsengericht, wurde mit Mandelsplittern dekoriert. Außerdem gab es noch Artischockenherzen in Olivenöl, gebratene Hähnchenfrikadellen und – in der richtigen Jahreszeit – kalte zarte Saubohnen. Grandmamans Beitrag zu den *Mezze* waren so genannte «Mimoseneier». Hierfür wurden Eier hart gekocht, das Eigelb herausgenommen, mit Mayonnaise und Kräutern vermischt und wieder eingefüllt. Ich hasste die Mimoseneier, aber bei den Damen waren sie sehr beliebt. Auch die dünnen Scheiben *Batarekh* auf Toast gehörten meist zum Angebot – gesalzener, getrockneter Rogen der

APRIKOSENPUDDING

½ Pfund getrocknete Aprikosen in eine Schüssel geben. Mit warmem Wasser bedecken und über Nacht einweichen lassen. Abgießen. Die Aprikosen, 4 große Eier, ¼ Tasse Sahne, 1 Teelöffel Rum und ½ Tasse Zucker in den Mixer geben oder mit dem Pürierstab pürieren. Eine 1-Liter-Form fetten und das Aprikosenpüree hineingeben. Die Form in einen größeren Topf mit heißem Wasser stellen und im vorgeheizten Backofen bei 175 °C 45 Minuten backen. Man kann auch prüfen, ob der Pudding fertig ist, indem man mit einer Messerspitze in die Mitte sticht. Bleibt nichts am Messer daran hängen, ist der Pudding gar. Abkühlen lassen und auf eine runde Platte stürzen. Mit Minzeblättern garnieren. Ergibt 4 Portionen.

Meeräsche, der in einer Art wachsigen Haut konserviert wurde. Schwarze und grüne Oliven sowie eingelegte Gurken waren in Silberschalen angerichtet. Diese Speisen wurden auf der Terrasse serviert, während der Tisch im Speisezimmer für das Essen vorbereitet wurde. Unter dem wachsamen Auge von Grandmaman wurde das Limoges-Geschirr herausgeholt, und sie plagte jeden mit ihren ständig wiederholten Warnungen: «Seid vorsichtig, seid vorsichtig! Das ist mein bestes Geschirr!»

An diesem Tag kam auch der Schmuck zum Vorschein, schwere, diamantenbesetzte Armbänder, Unmassen goldener Armreifen (als ich zehn Jahre alt war, besaß ich bereits zehn davon), funkelnde Diamantringe. Grandmaman jedoch hielt nichts von Diamanten und trug ihre nie. Wenn eine Frau sich übermäßig mit Schmuck und Diamanten behängte, meinte sie immer: «Sie sieht aus, als trüge sie einen Kristalllüster!» Ich erinnere mich noch, dass Jahre später mein Onkel in der Absicht, mich unter die Haube zu bringen, immer auf die Qualitäten der Bewerber hinwies, indem er mir erzählte, wie hochkarätig der Hochzeitsdiamant sein würde.

Kurz bevor die Gäste eintrafen, sagte mir meine Großmutter, ich solle mich ankleiden, mir die Haare bürsten und vor allem Schuhe anziehen. Wenn ich nämlich von der Schule zurückkam oder am Wochenende zu Hause war, lief ich immer barfuß herum oder trug *Shib-shib*, die flachen Schlappen, die Aishe für mich auf dem Markt kaufte und deren klatschendes Geräusch überall zu hören war, wo ich gerade langging.

Manchmal kam eine neue Person in die Gruppe und ich wurde voller Stolz vorgeführt. «Das ist meine Enkeltochter», erklärte meine Großmutter dem jeweiligen Neuankömmling. «Sie ist halb Französin, wissen Sie», setzte sie hinzu, als würde diese Eigenschaft meinem Wesen eine neue Dimension verleihen. Dann begann ein Geflüster, das mich unweigerlich durcheinander brachte: «Sie ist Waise, wissen Sie … Ach, wirklich? Nein, das wusste ich nicht. … Nun ja, nicht ganz, ihre Mutter … wissen Sie … Alexandria … Beirut … sie hat das Kind hier bei Marguerite gelassen …» So ging es mehrere Minuten lang hin und her. Die Frauen betrachteten mich voller Mitleid, was ich aus tiefstem Herzen verabscheute, vor allem, wenn Tante Lydia ihre jüngere Tochter Renée, die gerade mal ein Jahr älter war als ich, herbeirief, um Hallo zu sagen. Die große, dünne, blonde Renée machte dann anmutig die Runde und ich war vergessen, während die Frauen mit singender Stimme riefen: *«Elle est adorable, elle est mignonne!»* («Sie ist wundervoll … wie hübsch sie aussieht!»)

An diesem Tag gab es zweimal Essen. Wenn die Damen gegen vier Uhr eintrafen, wurde Tee aufgetragen und dazu die Petits Fours von Groppi, der berühmten Schweizer Konditorei in Kairo. Dann nahmen alle um die vier Tische herum Platz und begannen zu spielen. An jedem Tisch saß ein Familienmitglied. Grandmaman trug stets eine schwarze Spitzenbluse und ihre Perlen sahen prächtig aus. Einmal hatte sie mir die Geschichte dieser Perlenkette erzählt: Mein Großvater hatte ihr für jedes ihrer neun Kinder einen Strang Perlen geschenkt, und jetzt schlang sich die Kette mehrmals um ihren Hals. Während Grandmaman wartete, bis sie an die Reihe kam, spielte sie oft mit der Kette, als gäbe sie damit ihrem Canasta-Partner heimliche Signale. «Später einmal werden die Perlen dir gehören, Colette», sagte sie immer. «Später, wenn du groß bist und dich wie eine richtige Dame benimmst.»

Wie Grandmaman waren auch die anderen Frauen an den Kartentischen festlich gekleidet. Am meisten bewunderte ich Tante Fortuné. Während alle anderen Schwarz trugen, schwelgte sie in Kleidern aus roter Seide mit großen blauen Blumen oder aus grünem Samt mit Goldrändern. Meine Großmutter war entsetzt. Für sie und ihre Freundinnen war es selbstverständlich, dass man, wenn man verheiratet war, gedämpfte Farben trug, und wenn man erst einmal die vierzig überschritten hatte, beschränkte man sich auf Schwarz oder Grau. Aber Tante Fortuné lachte nur und brachte ein Argument vor, bei dem

Grandmaman klein beigeben musste: «Aber meinem Mann gefällt es!» Jahre später, auf meiner eigenen Hochzeit, erschien Tante Fortuné in einem schwarzen Kleid mit einer riesigen roten Schleife um die Hüften. Die junge Generation war hingerissen und Tante Fortuné avancierte zum Star des Abends.

Während die Frauen spielten, sollten Renée und ich kleine Sandwiches herumreichen, und Abdullah schwebte in seiner besten Galabeyya zwischen den Tischen umher und erkundigte sich, ob die Frauen lieber Tee oder Kaffee trinken wollten. Dann wurde das silberne Kaffeeservice hereingebracht und europäischer Kaffee serviert, der damals ausnehmend populär war.

GEFÜLLTE ZUCCHINI UND GEFÜLLTE ROTE PAPRIKA

Etwa 1 Pfund kleine Zucchini halbieren und das Innere herausholen. Von 4 roten Paprikaschoten das obere Ende abschneiden und alle Kerne entfernen.

1 Pfund Rindergeschnetzeltes mit 1 Pfund Kalbsgeschnetzeltem vermengen; 3 Esslöffel Pinienkerne sowie Salz und Pfeffer nach Geschmack, 2 klein gehackte Knoblauchzehen und 2 Esslöffel Olivenöl hinzufügen. Die Zucchini und die Paprikaschoten mit dem Fleisch füllen. Nebeneinander in eine Pfanne setzen. Mit 2 Esslöffeln Olivenöl beträufeln und 2 Tassen Hühnerbrühe in die Pfanne geben. Im vorgeheizten Backofen bei 190 °C 45 Minuten backen. Heiß oder kalt mit Joghurt servieren. Ergibt 4 Portionen.

Doch innerhalb der nächsten halben Stunde waren wir vergessen. Renée ging zurück in ihre Wohnung und ich wanderte durchs Haus, auf der Suche nach jemandem, mit dem ich mich unterhalten konnte. Aishe war immer zu sehr damit beschäftigt, Ahmet in der Küche zu helfen. Ahmet verweigerte mir den Zutritt zur Küche, und wenn ich in den Salon zurückkehrte, schickte meine Großmutter mich mit einer ungeduldigen Handbewegung gleich wieder hinaus, meistens mit den Worten: «Du lenkst uns vom Spielen ab!» Irgendwann landete ich dann in meinem Zimmer, wo ich mich in eine Ecke verkroch und schmollte, bis ich zum Abendessen gerufen wurde.

Mit fieberhaftem Eifer wurde Canasta gespielt und gelegentlich gab es zwischen den Partnern wegen unüberlegtem Melden oder Ablegen Streit. Am aufregendsten war immer der Tisch von Tante Marie. Sie spielte hervorragend und gewann sehr oft. Anfangs, als mein Vater und meine Mutter sich gerade erst in Kairo niedergelassen hatten, versuchte Tante Marie, meiner Mutter das Kartenspielen beizubringen. Jahre später, als wir in Paris waren, erzählte mir meine Mutter, wie sehr sie Kartenspiele hasste, vor allem Canasta fand sie entsetzlich langweilig. Poker war ihr interessanter erschienen, aber sie hatte es nie gelernt. Allerdings versuchte sie sich mit Bridge – was unter den jüngeren Leuten damals sehr beliebt war –, aber selbst darin war sie nie sonderlich gut. Als Verstärkung für meine Mutter lernte auch ich nie Kartenspielen, bis meine Enkel es mir beibrachten. Julien, mein jüngster Enkelsohn, ist ein leidenschaftlicher Kartenspieler und in seinen Augen sehe ich die gleiche Erregung, das gleiche Funkeln, das ich auch bei Tante Marie beobachtete, wenn sie dabei war, zu gewinnen.

Grandmaman saß immer bei ihren drei besten Freundinnen. Während des Spiels wurde munter weitergeklatscht. Am Schluss zählte man die Punkte zusammen und ermittelte die Gewinnerin. Meine Großmutter spielte nicht sehr gut und gewann auch nur recht selten.

Zwischen sieben und acht Uhr trafen die Männer ein und zogen sich auf die Terrasse zurück, wo Abdullah ihnen die *Mezze* servierte. Wenn die Frauen fertig waren, gesellten sie sich zu ihnen, und nun trudelten auch die jüngeren – unverheirateten – Familienmitglieder aus den verschiedenen Stockwerken des Hauses ein. Mein Cousin Zaki nannte diesen Augenblick immer das Hochzeitskarussell. Gemächlich schlenderten die unverheirateten jungen Frauen der Familie von einem Tisch zum nächsten, begrüßten die Freunde meiner Großmutter, erzählten von ihren Aktivitäten oder lächelten einfach nur. Später waren dann die unverheirateten jungen Männer an der Reihe. Dann begutachteten die Frauen die jungen Männer als potentielle Kandidaten für ihre Töchter und die jungen Frauen als Kandidatinnen für ihre Söhne, berechneten in Gedanken die Mitgift der Frau oder den zukünftigen Verdienst und das Vermögen des Mannes. Alice und Nadia, beide noch keine zwanzig, kamen auf die Terrasse, stolzierten zwischen den Gästen umher, lachten und diskutierten anschließend darüber, wer wohl den besten Eindruck hinterlassen hatte. Jahre später heiratete Alice einen Engländer und zog nach England, Nadia dagegen ging nach Italien und heiratete einen Amerikaner, der sich dort niedergelassen hatte.

Um halb neun wurde zum Dinner gerufen, und alle, auch die Kinder, begaben sich in den Speisesaal, um sich unter lauten Ahs und Ohs der Bewunderung am Büfett zu bedienen.

Auf dem Dinnertisch standen die von Ahmet zubereiteten köstlichen Speisen: die Galantine, wunderschön dekoriert mit Eiweiß und Gelee, in dünne Scheiben geschnittene Lammkeule mit Petersiliensauce, warme Fleischpasteten mit Pinienkernen, überbackene Nudeln mit Auberginen, mehrere Schüsseln mit Gemüsesalat; kalter Bratfisch mit *Zemino*-Sauce aus Knoblauch und Sardellen – eines meiner Lieblingsgerichte – und fünf verschiedenen Sorten Pickles. Für gewöhnlich stürzte ich mich so-

ENGELSHAAR MIT NÜSSEN UND ROSINEN

½ Pfund Engelshaar-Nudeln in etwa 7 cm lange Stücke brechen. In einer Bratpfanne 2 Esslöffel Butter und 1 Esslöffel Öl erhitzen. Eine in dünne Scheiben geschnittene Zwiebel hinzufügen und sautieren, bis sie glasig ist. Das Engelshaar hinzufügen und goldbraun braten. Mit 3 Tassen Hühnerbrühe bedecken, zum Kochen bringen, dann die Hitze drosseln und köcheln lassen, bis die ganze Brühe verbraucht ist.

Inzwischen 2 Esslöffel gehackte Mandeln und 2 Esslöffel gehackte Haselnüsse im Backofen bei 175 °C rösten. Aus dem Ofen holen. In einer kleinen Bratpfanne ½ Esslöffel Butter erhitzen. 3 Esslöffel Rosinen hineingeben und sautieren, bis die Rosinen dick werden. Rosinen und Nüsse mischen und zu den Nudeln geben. Heiß zu Brathähnchen servieren. Ergibt 4 Portionen.

fort auf die Galantine und den Bratfisch, während meine Großmutter voller Verzweiflung über meinen Mangel an Manieren den Kopf schüttelte.

Später kehrten Frauen und Männer an die Spieltische im Salon zurück, aber jetzt spielten sie Poker, mit wesentlich höheren Einsätzen. Die Namen der Spieler wurden auf Zettel geschrieben und in einer Silberschale gemischt. Dann entschied der Zufall, wer mit wem spielte.

Mein Großvater hoffte immer, Tante Marie an seinem Tisch zu haben; bevor er einen Namen zog, gab er meiner Großmutter immer unauffällig ein Handzeichen, um herauszufinden, auf welchem Zettel Tante Maries Namen stand.

Wenn alle saßen und das Spiel richtig begonnen hatte, wurde ich ins Bett geschickt. Am nächsten Morgen steckte

GEMÜSESALAT

3 reife Tomaten und 3 Schlangengurken schälen, entkernen und würfeln. 2 grüne Paprikaschoten würfeln. 2 süße weiße Zwiebeln schälen und klein schneiden, 1 Bund Petersilie fein hacken. 2 rote Rettiche in Würfel schneiden, 2 Knoblauchzehen schälen und klein hacken. 3 Stangen Sellerie würfeln und 3 kleinblättrige Kopfsalate vierteln. Alles Gemüse in eine große Schüssel geben. In einer kleinen Schale 1 Esslöffel Dijon-Senf, 1 Esslöffel Rotweinessig und 3 Esslöffel Olivenöl mischen und nach Geschmack mit Salz und Pfeffer würzen. Über den Salat gießen und mischen. Ergibt 4 Portionen.

ich immer als Erstes die Hand unter mein Kopfkissen. Wenn ich darunter ein paar Pfundnoten fand, hatte Tante Marie am Abend zuvor gewonnen. Mit dieser netten Geste gab sie mir zu verstehen, dass sie wusste, wie einsam und verloren ich mich an den Pokertagen fühlte.

Am nächsten Morgen kehrte die Alltagsroutine zurück. Die Kartentische wurden zusammengeklappt und weggestellt, das Limoges-Porzellan und das gute Silber aufgeräumt. Meistens war Ahmet nach den überstandenen Mühen gut gelaunt und ließ mich, wenn ich von der Schule heimkam, in der Küche herumstreichen, vom Abendessen probieren und meine Schuhe in die Ecke werfen.

6
DAS KLOSTER

NACH dem Tod meines Vaters im Jahr 1939 ging meine Mutter auf Reisen. Als in Europa der Krieg ausbrach, machte sie sich Sorgen um meinen Bruder und wollte ihn zurückholen, aber ihr Vater überzeugte sie, dass der Krieg nur ein paar Monate dauern würde und mein Bruder in Paris sicher war. Daraufhin beschloss meine Mutter, in den Libanon zu reisen, denn sie liebte Beirut und sagte immer, es erinnere sie an Paris. Dort blieb sie von 1939 bis 1942. Gelegentlich rief sie bei meinen Großeltern an, um sich zu erkundigen, wie es mir ging. Aber mit mir telefonierte sie nie, und während die Zeit verstrich, wurde sie für mich eine Art entfernte Fantasiegestalt, über die ich mir oft Geschichten ausdachte. In meinen Träumen war sie eine perfekte Mutter, die eines Tages zurückkehren würde, und danach würden wir alle glücklich und in Freuden zusammenleben.

Eines Tages saß ich nun in der Küche und aß mein *Goûter* (meinen Imbiss): Kichererbsenpüree und Pitabrot-Dreiecke, die Ahmet so geröstet hatte, wie ich sie besonders gern mochte: so knusprig, dass sie krümelten, wenn

KICHERERBSENPÜREE

2 Tassen getrocknete Kichererbsen mit Wasser bedeckt über Nacht einweichen lassen. Abgießen und mit 6 Tassen Wasser und 2 in Scheiben geschnittenen Zwiebeln in einen Topf geben. Zum Kochen bringen, dann die Hitze reduzieren und köcheln lassen, bis die Erbsen weich sind. Das dauert etwa 1 Stunde. Abgießen und das Wasser aufheben.

Die Kichererbsen im Mixer oder mit dem Pürierstab zusammen mit ¼ Tasse des Kochwassers, 5 klein gehackten Knoblauchzehen und 2 Esslöffeln frischem Zitronensaft pürieren. Wieder in den Topf geben und 5 Minuten köcheln lassen. Mit 2 Esslöffeln Olivenöl, 1 Teelöffel gemahlenem Kumin, Salz und Pfeffer abschmecken.

Je 2 getoastete Pitabrotviertel in 4 Suppenteller legen. Die Kochbrühe wieder aufwärmen und über das Brot löffeln, damit es weich wird. Das heiße Kichererbsenpüree darüber geben und servieren.

ich sie eintunkte. Da kam meine Großmutter in die Küche, gefolgt von meiner Mutter – sonnengebräunt, jung, strahlend. Meine Hand, in der ich das Stück Brot mit *Hummus* hielt, gefror in der Bewegung. Gebannt starrte ich die Erscheinung an, bis die besorgte Stimme meiner Großmutter mich in die Wirklichkeit zurückholte: «Sag deiner Mutter guten Tag, Colette!»

Wie begrüßt man eine Mutter, die man drei Jahre lang nicht gesehen hat? Langsam und zögernd ging ich auf sie

TRADITIONELLER HUMMUS

1 Tasse getrocknete Kichererbsen mit Wasser bedeckt über Nacht einweichen. Abgießen, ½ Teelöffel Salz dazugeben und erneut mit Wasser bedecken. Zum Kochen bringen, Hitze herunterstellen und köcheln lassen, bis die Kichererbsen weich sind, etwa 1 Stunde. Abgießen, das Wasser aber aufheben.

Die Kichererbsen im Mixer oder mit dem Pürierstab zusammen mit dem Saft von zwei Zitronen, 3 klein gehackten Knoblauchzehen und 2 bis 3 Esslöffeln der Kochbrühe pürieren. Dann 1 Esslöffel Olivenöl, ½ Tasse Tehina, ½ Teelöffel gemahlenen Kumin, Salz und Pfeffer hinzufügen und alles gründlich verrühren. In eine Schüssel geben und mit 2 Esslöffeln klein gehackter Petersilie bestreuen. Mit getoastetem Pitabrot servieren. Statt der getrockneten Kichererbsen kann man auch eine große Dose Kichererbsen nehmen. Ergibt etwa 1½ Tassen.

zu. Sie stürzte sich auf mich, nahm mein Gesicht in ihre großen Hände und rief: «Du bist ja so gewachsen! Du bist hübsch, aber du hast zugenommen! … Und du bist so dunkel! Was ist denn passiert?» Meine Großmutter wand sich. Wir hatten gerade einen Monat am Meer verbracht und meine kupferfarbene Haut wurde dort immer einen Ton dunkler. Ja, ich war rundlicher als zu dem Zeitpunkt, als sie mich verlassen hatte, aber ich war alles andere als dick.

In unbehaglichem Schweigen verließen wir die Küche und folgten meiner Großmutter in den Salon. Dort nahm mich meine Mutter noch einmal gründlich in Augenschein, zögerte einen Augenblick und erklärte mir nach einem tiefen, dramatischen Seufzer, dass sie nach Kairo zurückgekehrt war und in der Stadt eine Wohnung gemietet hatte, zusammen mit einer italienischen Freundin, deren Ehemann – ein Ingenieur – in einem Flüchtlingslager vor den Toren von Alexandria interniert war. «Die arme Frau wusste nicht, wohin. Also habe ich sie bei mir aufgenommen, verstehst du. Wir sind sehr gute Freundinnen. Und ihre Tochter, Yolande – wir nennen sie Lola – ist intelligent und sehr hübsch. Bestimmt werdet ihr auch gute Freundinnen ... du wirst schon sehen. Sie kann dir beibringen, wie man sich gut anzieht und wie eine Lady benimmt.»

Wieder schwiegen wir. Das dünne weiße Baumwollkleid, das ich trug, stammte von der Schneiderin meiner Großmutter und ich mochte es sehr. Ich hatte durchaus nicht das Gefühl, schlecht angezogen zu sein. Fragend sah ich zu meiner Großmutter hinüber und sie sagte leise, meine Mutter sei gekommen, um mich mit nach Hause zu nehmen. Noch an diesem Nachmittag würde ich mit ihr weggehen. Ich begann zu schluchzen und klammerte mich an Grandmaman. Davon hatte ich all die Jahre nicht geträumt. «Colinette», sagte sie und benutzte den Kosenamen, den sie mir gegeben hatte, als ich damals bei der Abreise meiner Mutter so traurig gewesen war. «Weine nicht. Du kommst jedes zweite Wochenende hierher zu uns.»

Aber ich weinte weiter. Als Aishe beim Packen meiner Tasche vor sich hin grummelte, fühlte ich mich auf einmal in die Defensive gedrängt und erklärte ihr, ich sei sehr froh, endlich wegzugehen, aber als wir dann tatsächlich aufbrachen, umarmte ich Aishe fest und versprach ihr, ich würde jedes Wochenende oder vielleicht noch öfter zurückkommen.

Während des Krieges hatte Kairo einen starken Zustrom von Europäern erlebt – sowohl von Juden als auch von Nichtjuden –, die vor der Invasion der Deutschen und der Verheerung der Bomben flohen. Außerdem überfluteten Bauern vom Land die Stadt, weil sie Arbeit suchten. Jetzt war die Innenstadt durchsetzt von modernen Apartmenthäusern mit Balkonen, erbaut für die wohlhabenderen «Flüchtlinge». Die geräumige Wohnung meiner Mutter lag im sechsten Stock eines dieser Gebäude. Sie hatte drei Schlafzimmer, ein Esszimmer und ein Wohnzimmer. Im Vergleich zur Villa meiner Großeltern kam mir die Wohnung dennoch beengt vor. Lola, eine zierliche kleine Blondine von etwa siebzehn Jahren mit einem freundlichen Lächeln, begrüßte mich herzlich. Ihre Mutter Hélène jedoch war mir auf den ersten Blick enorm unsympathisch. Groß, dünn, mit tiefschwarzem Haar und einer langen, spitzen Nase, schien sie sich überhaupt nicht für mich zu interessieren. Sie und meine Mutter verbrachten viel Zeit mit zusammengesteckten Köpfen im Zimmer meiner Mutter, wo ich mich immer unwillkommen fühlte. Wie sich herausstellte, sollte ich mir ein Zimmer mit Lola teilen.

Am ersten Abend aßen wir in einem schicken französischen Restaurant und ich war wie elektrisiert. Aber als ich dann ins Bett kroch, begann ich wieder zu weinen, denn ich vermisste meine Großmutter, die Plauderei auf der Terrasse und Aishes drolligen, warmherzigen Humor.

Am nächsten Tag brachte Lola mich in die Schule; damit erfüllte sie die Abmachung zwischen ihrer und meiner Mutter: Im Austausch für Kost und Logis sollte sie auf mich aufpassen. Da unsere Mütter oft ausgingen, waren Lola und ich häufig allein und mussten uns von kaltem Hähnchen und Salat ernähren (weder Lolas noch meine Mutter konnten kochen). Unter der Woche litt ich Hunger. An den Wochenenden, die ich bei meinen Großeltern verbrachte, stopften Ahmet und meine Großmutter mich mit meinen Lieblingsgerichten voll: zarte Lammkeulen, gegrillte Täubchen, saftige Kartoffeln … und natürlich *Sambusak*.

So ging das Leben mehrere Monate weiter. Eines Abends Anfang Dezember gingen meine Mutter und Hellie (so nannte meine Mutter ihre Freundin Hélène) mit ihren Freunden zum Essen aus und ich blieb mit Lola wieder einmal allein. In der Stadt wurde *Vom Winde verweht* gezeigt und Lola wollte den Film unbedingt sehen. Sobald unsere Mütter verschwunden waren, packte sie mich bei der Hand und wir machten uns auf den Weg zum Freiluftkino. Mit einer Tüte Pepitas und einem Glas Limonade setzten wir uns und warteten, bis sich die Dunkelheit herabsenkte. Erst nach Mitternacht kamen wir wieder nach Hause. Dort wartete meine Mutter bereits auf uns, kochend vor Wut. Sie beschimpfte die ganze Welt, aber vor allem natürlich mich – als hätte ein zehnjähriges Mädchen einen Teenager davon abhalten können, auszugehen.

Am nächsten Tag teilte sie mir ganz ruhig mit, dass ich die Weihnachtsferien bei meinen Großeltern verbringen würde, weil sie mit Hellie über die Feiertage nach Palästina fahren würde. «Warum nach Palästina?» Ich verstand das nicht. Meine Mutter erklärte mir, dort sei Jesus geboren und es sei für eine Katholikin nur recht und billig, Weihnachten dort zu verbringen. Für eine Katholikin? War ich jetzt etwa auch katholisch? Warum durfte ich nicht mitkommen? Wie lange würde sie wegbleiben? Die Angst, dass sie mich abermals verlassen würde, überwältigte mich fast. «Hör auf zu weinen!», sagte meine Mutter. «Du bist doch wirklich kein Baby mehr!»

Im Haus meiner Großeltern wurde Weihnachten nicht begangen; mit meinen zehn Jahren wusste ich nicht einmal genau, was Weihnachten eigentlich war. Doch man feierte Silvester in großem Rahmen mit allen Familienangehörigen – natürlich ausgenommen meiner Mutter. Der Champagner floss in Strömen und es wurden französische Gerichte serviert – Entenbraten, Ahmets berühmte Paté aus vier Fleischsorten mit gedünsteten Linsen und auch mein Lieblingsdessert, eine üppige, feuchte Mousse au Chocolat mit *Eishta*, der dicken Wasserbüffelsahne. Zu Silvester bekamen die Kinder eine Menge Geschenke. In diesem Jahr – 1943 – schenkte mir mein Großvater einen entzückenden kleinen schwarzen Hund, einen französischen Pudel, den ich Michette taufte. Außerdem bekam ich noch ein Fahrrad. Abdullah brachte mir das Fahren bei, hielt mich fest und schob mich Stunde um Stunde ums Carré. Das Fahrrad musste bei meinen Großeltern bleiben, aber der Hund durfte mit in die Wohnung meiner Mutter, die sich unerwartet bereit erklärt hatte, ihn zu behalten.

Als ich am 6. Januar 1943 zu meiner Mutter zurückkehrte (dieses Datum werde ich niemals vergessen), sagte sie mir, dass sie mich im Kloster des Heiligen Herzens in Kairo angemeldet hatte, wo *«toutes, Colette, toutes les jeunes filles de bonne famille du Caire sont pensionnaires»* («alle, wirklich *alle* Mädchen aus gutem Hause gehen dort zur Schule»). Ich reagierte mit einem heftigen Gefühlsausbruch: «Ich hasse dich! Bring mich zurück zu meinen Großeltern!» Doch meine Mutter blieb ungerührt. Am nächsten Morgen wurde ich all meinem Gestrampel und Geheule zum Trotz ins Kloster gebracht.

Das Kloster war ein dreistöckiges Gebäude aus der Anfangszeit des zwanzigsten Jahrhunderts, in einem großen Park in Zamaleck, einem Wohngebiet, das auf der anderen Seite des Nils lag als das Haus meiner Großeltern in der Garden City. Es wurde geleitet von den Müttern des Heiligen Herzens, einem Pariser Missionsorden, dessen Schule in der Rue St. Dominique in Paris bei französischen Katholiken sehr bekannt war. Im Kloster gab es zwei Arten von Nonnen: Die «Mütter» trugen ein elegantes, kunstvoll gefaltetes weißes Häubchen, einen schwarzen Schleier und ein schwarzes Habit. Über der Brust hing ein großes silbernes Kreuz. Ganz gleich, ob ägyptischer oder französischer Herkunft, stammten sie alle aus der oberen Mittelschicht, waren recht gebildet und für den Unterricht zuständig. Die ärmeren Nonnen – hauptsächlich Ägypterinnen – erledigten die Hausarbeit, kochten und führten das Büro. Diese Frauen nannte man «Schwestern».

Mère Marin, die Mutter Oberin, begrüßte uns; wir saßen in einem großen Salon mit vergoldeten Sesseln und Sofas mit roten Samtpolstern. Überall standen Vasen mit üppigen Blumensträußen. Gemälde mit französischen Landschaften und ein gigantisches Porträt der Nonne, die das Kloster gegründet hatte, schmückten die Wände. Ich war verwirrt. Das alles war vollkommen anders als die Schulen, die ich bisher besucht hatte. So saß ich schmollend auf der Stuhlkante, noch immer wütend auf meine Mutter, als Mère Marin sich plötzlich mir zuwandte und mich freundlich fragte: «Und wofür interessiert sich unser kleines Heidenkind?» Heidenkind? Ich wusste nicht recht, was dieses Wort bedeutete. Warum nannte sie mich so? Meine Mutter lächelte und antwortete, ich würde sicher nicht mehr lange eine Heidin bleiben und hoffentlich bald meine Lektionen beginnen. Welche Lektionen? Ich glaubte zu sehen, wie die beiden Frauen einen verschwörerischen Blick austauschten, und sehnte mich unsäglich zurück ins Haus meiner Großeltern, wo ich meine Hausaufgaben machen, die Treppe hinauf und hinunter laufen und in alle Küchen spähen und nachschauen konnte, was es zum Abendessen gab. Aber für die nächsten vier Jahre sollte das Kloster unter der Woche mein Zuhause werden.

Ich verabschiedete mich kühl von meiner Mutter und weigerte mich, sie zu küssen. Als sie ging, erklärte sie noch, dass der Chauffeur meines Großvaters mich am Freitag

WEIHNACHTSPASTETE AUS VIER FLEISCHSORTEN

1½ Pfund Kalbsgeschnetzeltes mit 1 Teelöffel klein gehacktem Knoblauch, 1 Esslöffel Estragon, 3 Esslöffeln Cognac, 1 Ei, Salz und Pfeffer abschmecken. Vermischen und beiseite stellen.

1½ Pfund mageres Schweinefleisch in 1 cm dicke Scheiben schneiden. Mit Salz, Pfeffer und ½ Esslöffel klein gehacktem frischem Salbei würzen. Gut vermischen und beiseite stellen.

Von 1½ Pfund Salami die Haut entfernen. Mit ½ Teelöffel klein gehacktem Knoblauch, 2 Esslöffeln klein gehackter frischer Petersilie und 3 Esslöffeln Cognac abschmecken. Gut vermischen und beiseite stellen.

In einer Bratpfanne 1 Esslöffel Olivenöl erhitzen. 6 gesäuberte Hühnerlebern hineinlegen und 2 Minuten anbraten. Behutsam 2 Esslöffel Cognac hinzufügen und anzünden. Wenn die Flamme erlischt, von der Kochplatte nehmen und mit Salz und Pfeffer abschmecken. Beiseite stellen.

2 Hühnerbrüste ohne Knochen und ohne Haut in 1 cm dicke Streifen schneiden und beiseite stellen.

Eine feuerfeste Form mit einem Fassungsvermögen von gut 1 Liter mit ½ Pfund dünn geschnittenem Speck auslegen, Reste aufheben. Die Hälfte der Wurstmischung hineinlöffeln und mit den Hühnerbruststreifen bedecken. Die Hälfte der Kalbfleischmischung dazugeben, mit Speckstreifen und dem mageren Schweinefleisch bedecken.

Die Hühnerlebern in einer Reihe auf die Mitte der Form legen, daneben auf beiden Seiten ½ Tasse mit Piment gefüllte Oliven verteilen. Die Leber mit dem Rest Kalbfleisch bedecken, darauf den Rest der Wurstmischung geben.

Auf die Mitte der Pastete ein Lorbeerblatt legen. Gut mit Alufolie abdecken. Die Form in ein größeres Gefäß mit heißem Wasser stellen und im vorgeheizten Backofen bei 190 °C 1½ Stunden backen.

Aus dem Ofen nehmen und die Alufolie beschweren, beispielsweise mit mehreren Dosen. Ist das Ganze abgekühlt, über Nacht – samt den Dosen – in den Kühlschrank stellen.

Zum Servieren die Pastete aus der Form stürzen und sehr dünn aufschneiden. Mit Toast servieren.

abholen würde, sodass ich das folgende Wochenende bei meinen Großeltern verbringen konnte. Dann führte mich eine Nonne über einen düsteren Korridor und zwei Treppen hinauf zu einem Schlafsaal, in den durch breite Fenster erstaunlich viel Sonnenlicht strömte. Dort standen zwölf Betten, jedes mit einem weißen Vorhang umgeben, wie man es vom Krankenhaus kennt. Die Nonne, Mère Larvulla, deutete auf ein Bett beim Fenster und erklärte mir, das sei meines. Neben dem Bett stand ein kleines Nachtschränkchen. «Der ist für deine persönlichen Sachen», erklärte sie mir. «Jetzt zeige ich dir noch deinen Spind. Auspacken kannst du später, wenn Mohamed deinen Koffer heraufbringt.»

Mère Larvullas Gesicht war ernst und ich wusste, wie nur Kinder so etwas wissen, dass wir nicht gut miteinander auskommen würden. Sie sah Tante Marie zu ähnlich, deshalb nannte ich auch sie «die Küchenschabe» (mein Spitzname für Tante Marie), wenn ich mit meinen Freundinnen über sie herzog. Immer fand sie etwas an mir auszusetzen. Mindestens einmal pro Woche verkündete ich meinen Freundinnen: «Die Küchenschabe hat mich bestraft. Ich bin sicher, dass Gott sie auch bestrafen wird!»

Später wurde ich einer weiteren verbissenen und strengen Nonne vorgestellt, die, wie man mir mitteilte, die Oberlehrerin war. Mère Baiocchi war groß und trug eine runde Nickelbrille. Sie brachte mich in mein Klassenzimmer, in die achte Klasse. Als die Tür aufging, wandten sich fünfzehn Köpfe nach mir um. Alle Mädchen trugen die gleiche Uniform: einen kniebedeckenden blauen Faltenrock, eine weiße Baumwollbluse mit einem runden Kragen, der mit blauen Quasten zusammengebunden war.

(Wie ich feststellte, musste man die Pompons selber machen. Lange Zeit versuchte ich die Nonnen zu überzeugen, dass sie verschiedenfarbig schöner wären, aber leider ohne Erfolg. Jahre später brachte ich meinen Töchtern und dann meinen Enkelkindern bei, wie man sie herstellt.) Als ich zu meiner ersten Schulstunde Platz nahm, lächelten ein paar der Mädchen freundlich … oder grinsten sie hämisch? Ich konnte es nicht beurteilen.

Unser Tag begann schon sehr früh am Morgen. Um sechs weckten uns die Nonnen mit einer Glocke. Morgens war es immer kalt und es gab nie genug Wasser. Die älteren Mädchen durften als Erste ins Bad, die jüngeren mussten warten. Ich legte meine Sachen abends unter die Matratze, damit meine Unterwäsche am nächsten Morgen ein bisschen warm war. So schnell wir konnten, zogen wir uns an und gingen hinunter in die Kapelle, wo die Messe gelesen wurde. Die moslemischen Mädchen, Töchter wohlhabender Ägypter, die nur wegen des hohen akademischen Standards auf der Schule waren, durften bis halb acht schlafen. Nach der Messe gingen wir zum Frühstück, das aus Café au lait und Butterbrot mit Marmelade bestand. Einmal im Monat mussten wir uns für einen Löffel Lebertran anstellen; dass wir das hassten, brauche ich wahrscheinlich nicht eigens zu erwähnen. Dann begann der Unterricht.

Mère Marin hatte mir erklärt, dass ich dazu geboren war, ebenso wie meine Mutter Katholikin zu werden, aber erst einmal lernen musste, was der kleine Jesus für mich getan hatte. Das interessiere mich nicht, antwortete ich; ich wollte bleiben, wie ich war, obgleich ich nicht genau wusste, was das hieß. Meine Großeltern und ich hatten nie darüber gesprochen, was es bedeutete, dass wir Juden waren. Aber ich wusste, dass ich dann länger schlafen dürfte, genau wie die Moslem-Mädchen. Geduldig setzte Mère Marin mir auseinander, dass meine Mutter darum gebeten hatte, mich Anfang Februar taufen zu lassen, damit ich im März 1944 mit allen anderen Mädchen meines Alters zur Erstkommunion gehen konnte. Schließlich gab ich nach, um meiner Mutter eine Freude zu machen.

Ich erinnere mich noch gut an die Mädchen in meiner Klasse: Aimée Habra, deren Vater ein wichtiger Staatsbeamter war; Marie-Therèse Franceschi, eine Italienerin, deren Vater in einem Lager interniert war; Christiane Crepi, ein französisches Mädchen, deren Vater in der englischen Armee kämpfte, und Colette Pascal, deren Vater als Ingenieur beim Bau des Sueskanals beschäftigt war und nur selten übers Wochenende heimkam. Sie sollte meine beste Freundin werden.

Um halb eins gab es Mittagessen – langweilig und meistens fad gewürzt. Ich vermisste Ahmets *Ful*-Sandwiches furchtbar. Nach dem Mittagessen hatten wir noch zwei Stunden Unterricht. Dann schickte man uns in den Park, wo wir bei einer Grotte mit einer Statue Unserer Jungfrau von Lourdes, der unser Kloster gewidmet war, spielen konnten. Um sieben wurden wir zum Abendessen gerufen, das auch nicht schmackhafter war als das Mittagessen. Während des Essens mussten wir schweigen, während eine Nonne und aus dem Leben des Heiligen vorlas, der an diesem Tag Geburtstag hatte. Bisher hatte ich nicht gewusst, dass Colette eine Heilige war, und schon gar nicht, dass sie ein sehr interessantes Leben geführt hatte. Sie war sehr unabhängig gewesen und hatte mit sechzehn das Haus ihres Vaters verlassen, um ihrem Geliebten zu folgen. Bald darauf verließ er sie jedoch und sie ging auf der Straße betteln. Schließlich bereute sie all ihre Sünden, ging ins Kloster und wurde Nonne.

Natürlich entdeckte ich nach nicht allzu langer Zeit die Klosterküche und Sœur Leila, die Köchin. Sie wurde mein Ersatz für Ahmet, und wann immer ich frei hatte oder man mich vor die Wahl stellte, welche Arbeit ich als Strafe übernehmen wollte, rannte ich in die Küche. Obgleich Sœur Leila hervorragend kochte, wurde sie durch die Maßgaben der Verwaltung, die so gut wie nichts für das Essen ausgab,

SCHWESTER LEILAS ROTE-LINSEN-EINTOPF

2 Tassen halbe rote Linsen mit 4 Tassen Wasser, einer großen geschälten Zwiebel, einer großen geviertelten Tomate, 1 Karotte und 2 kleinen, in 2 cm dicke Scheiben geschnittenen Zucchini in einen Topf geben. Zum Kochen bringen, Hitze herunterstellen, zudecken und etwa 20 Minuten köcheln lassen. Dabei gelegentlich umrühren. Die Mischung in einem Mixer oder mit dem Pürierstab pürieren und wieder in den Topf geben. 1 Teelöffel gemahlenen Kumin, gut 150 g Vermicelli oder in kleine Stücke gebrochene Engelshaar-Nudeln, Salz und Pfeffer unterrühren. Etwa 10 Minuten köcheln lassen.

1 große Zwiebel klein schneiden und in zwei Esslöffeln Olivenöl goldbraun anbraten. Zu den Linsen geben und 5 Minuten köcheln lassen. 2 Esslöffel klein gehackte frische Petersilie darüber streuen und mit Pitabrot-Croutons servieren. Reicht für 4 Personen.

stark eingeschränkt. Außerdem bestand man auf einfachen, faden Gerichten. Freitags jedoch, wenn Leila statt Fleisch oder Fisch Linsen kochte, übertraf sie sich selbst.

Als ich fünf Jahre alt war, hatte meine Großmutter mich mit Linsen und Linsensprossen bekannt gemacht. Sie legte eine Schüssel mit feuchter Watte aus, streute Linsen darauf und stellte sie ans Fenster. Zwei Tage später erschienen weiße Fäden, einen Tag danach winzige Blättchen. Ich war entzückt und bald war mein Zimmer voll mit Tellern keimender Samen. An Neujahr aßen wir zum Zeichen des Neubeginns immer Linsensprossen. Außerdem kochte Ahmet ein Linsengericht, das ich sehr liebte: Rote Linsen, duftend nach Kumin und Knoblauch, mit Koriander bestreut.

LINSENSUPPE

1 große Zwiebel schälen, eine Gewürznelke hineinstecken und mit 1 Pfund Linsen, 1 Lorbeerblatt, 8 Tassen Hühnerbrühe, Salz und Pfeffer in einen Topf geben. Über starker Hitze zum Kochen bringen, dann die Hitze reduzieren und etwa 30 Minuten weiterköcheln lassen, bis die Linsen weich sind; dabei gelegentlich Schaum abschöpfen. Die Zwiebel und das Lorbeerblatt entfernen und 2 klein geschnittene Knoblauchzehen, 1 Teelöffel fein gehackten frischen Thymian und 2 Teelöffel Butter einrühren. Auf schwache Hitze stellen und etwa 10 Minuten langsam köcheln lassen.

Auf 6 Suppenschalen verteilen und mit 2 Teelöffeln klein gehackter frischer Minze garnieren.

Im Winter machte Sœur Leila eine exzellente Linsensuppe, die ich heute noch nachkoche. Zu meinen Lieblingsgerichten gehörten außerdem Linsen mit Mangold. Wenn wir am Freitagnachmittag unseren Schokoladenriegel bekamen, schenkte ich meinen oft Sœur Leila, wofür sie mir eine Extraportion Linsen versprach.

Nach ein paar Monaten gewöhnte ich mich an das ruhige Leben im Kloster. Mir gefielen die Bibelstunden und ich verwickelte mich oft in lebhafte Diskussionen mit meiner Lehrerin, Mère de Rousiers, die recht jung und aufgeschlossen war. Ich weiß noch, dass ich Esau verteidigte, der sein Geburtsrecht für ein Linsengericht verkaufte. Wie hätte er dem herrlichen Duft von Linsen und Knoblauch widerstehen können? Mère de Rousiers lachte und sagte: «Colette, denk nicht immerzu mit deinem Magen!»

Mère de Rousiers kam mir oft verteidigend zu Hilfe, wenn ich ungehorsam war. Im Kloster badete man nur einmal pro Woche. Die Wannen standen im Keller und jede war mit einem Vorhang umgeben. Als ich das erste Mal badete, sah ich auf dem Hocker neben der Wanne ein ordentlich gefaltetes Laken mit einem Schlitz liegen. Ich hatte keine Ahnung, wofür das sein sollte, deshalb ignorierte ich es einfach. Doch während ich mich behaglich im warmen Wasser räkelte, steckte Mère Larvulla die Nase durch den Vorhangschlitz, um nachzusehen, was ich machte. «Mademoiselle Palacci!», kreischte sie. «Was fällt dir ein, nackt zu baden! Das darfst du nicht! Niemals! Du musst es Pater Pierre beichten.» Wie sich herausstellte, sollte das Laken beim Baden den Körper bedecken (daher der Schlitz für den Kopf), um die jungen Mädchen davor zu bewahren, sich zu betrachten.

LINSEN MIT ROTE BEETE UND MANGOLD

3 kleine Rote Beete und 1 große Karotte schälen und würfeln. Mit 4 geschälten und halbierten Schalotten in einen Bratentopf geben und mit ¼ Tasse Olivenöl beträufeln. Gut umrühren. Mit Salz und Pfeffer bestreuen; 2 Zweige frische Petersilie und frischen Thymian hinzufügen. Im vorgeheizten Ofen bei 200 °C 20 Minuten überbacken.

¾ Pfund französische Linsen und 3 Tassen Hühnerbrühe dazugeben. Topf gut mit Alufolie abdecken und 45 Minuten backen. Folie entfernen und 1½ Tassen geriebenen Schweizer Käse hinzufügen, gut umrühren. Weitere 15 Minuten überbacken.

¼ Tasse Olivenöl, ½ Teelöffel frischen Zitronensaft und ¼ Tasse klein gehackte Petersilie dazugeben. Auf Zimmertemperatur abkühlen lassen. Ergibt 6 Portionen.

Ich suchte Mère de Rousiers Hilfe und sie legte ein gutes Wort für mich ein. Wenn ich nur ganz kurz badete, brauchte ich das Laken nicht zu benutzen. Mère Larvulla beruhigte sich, und von diesem Tag an liebte ich Mère de Rousiers ohne Vorbehalt.

Mir graute vor den Wochenenden, die ich bei meiner Mutter verbringen musste, und ich war dankbar, dass sie oft in der Schule anrief, um mitzuteilen, dass der Chauffeur meiner Großeltern mich an ihrer Stelle abholen würde. An ihren Wochenenden schickte sie meistens ein

Taxi und oft musste ich eine Stunde lang warten, bis endlich überhaupt jemand auftauchte. Die meisten Wochenenden verbrachte ich dann schließlich bei meinen Großeltern. Doch manchmal, wenn wir gemütlich auf der Terrasse herumsaßen, machten meine Tanten Bemerkungen darüber, dass ich im Kloster war: *«Ils vont changer la petite, tu verras. Regarde-la! Elle marche déjà comme une nonne! Les gens vont parler»* («Sie werden das Mädchen umkrempeln, du wirst sehen. Sieh nur, sie bewegt sich schon wie eine Nonne. Die Leute werden reden»), tuschelten sie meiner Großmutter zu. Doch sie nahm mich in Schutz. «Lasst das Kind doch in Ruhe! Es ist nicht ihre Schuld!»

Ich erzählte nie von meinem Leben im Kloster, nur gelegentlich beklagte ich mich über das Essen. Dann packte Ahmet ein Carepaket mit Sambusaks, gefüllten Weinblättern, Gemüsepaprika mit Käse und schwarzen Oliven für mich. Das Paket versteckte ich unter meinem Bett, und wenn das Licht ausging, hüpften wir alle unter unseren Decken hervor, versammelten uns um mein Paket und führten uns gemeinsam Ahmets Leckerbissen zu Gemüte.

Eines Wochenendes sagte meine Mutter den Nonnen, sie habe einen Termin in der Stadt, und schickte ein Taxi, um mich abzuholen. Als ich bei ihrer Wohnung ankam, öffnete mir das Dienstmädchen. Ich rannte hinein und wollte Michette begrüßen, konnte meinen Hund aber nirgends finden. Als ich das Dienstmädchen nach ihm fragte, antwortete sie, meine Mutter habe den Hund verschenkt, weil er angeblich so viel Ärger machte. Ich setzte mich ins Wohnzimmer und wartete, bis meine Mutter nach Hause kam. Ich weiß nicht mehr, was ich gedacht habe, aber als meine Mutter hereinkam, mich im Dunkeln vorfand und fragte, was los sei, sprang ich auf, stürzte mich auf sie und schlug sie ein paar Mal so fest ich konnte. «Ich hasse dich!», schrie ich. «Ich hasse dich! … Du bist gemein! … Du hast meinen Hund verkauft! … Ich hasse dich!» Meine Mutter erschrak über meine Heftigkeit und erwiderte mit einer leisen Stimme, die mir ganz unbekannt vorkam: «Es tut mir Leid … ich habe es einfach nicht geschafft.» Aber ich blieb ungerührt, rannte aus dem Wohnzimmer und schloss mich in meinem Zimmer ein. Um die Essenszeit klopfte meine Mutter an meine Tür. Wollte ich nicht herauskommen und mit ihr, Hellie und Lola in ein nettes Restaurant gehen? Ich schickte sie weg.

Als die Nacht hereinbrach, öffnete ich die Tür und schaute mich um, bereit, erneut zu streiten. Aber meine Mutter war mit Hellie und Lola ins Restaurant gegangen. Ich war vollkommen allein. Enttäuscht ging ich in die Küche, um mir ein Sandwich zu machen. «Warum kann ich nicht eine ganz normale Mutter haben wie alle anderen?», jammerte ich. «Ich hasse sie!» Ich rief meine Großmutter an und weinte am Telefon. Meine Großmutter unterhielt sich lange mit mir und versprach, dass ich die nächsten Monate alle Wochenenden bei ihr verbringen könnte. Ich ging ins Bett, und als meine Mutter und Hellie zurückkamen, antwortete ich nicht auf das fröhliche «Gute Nacht!» meiner Mutter. Das gesamte Wochenende über sprach ich kein Wort, auch nicht, als sie mich mit Geschenken beschwichtigen wollte. Ich ließ die Päckchen ungeöffnet bei ihr liegen, als ich am Montag in die Schule zurückkehrte. Dieses Schweigen setzte ich wochenlang fort, aber ganz allmählich vergaß ich meinen Hund.

Am 6. Februar 1944 wurde ich getauft; meine Mutter,

Hélène und Lola waren bei der Feier anwesend. Lola wurde meine Patin – eine Rolle, die sie sehr ernst nahm. Noch Jahre später, nach dem Krieg, als sie in Belgien lebte, schickte sie mir Karten und kleine Geschenke zu meinem Tauftag. An diesem Tag war die Kirche mit Blumen geschmückt und ich kam mir sehr wichtig vor. Meine Mutter erklärte mir, dass ich meinen Vornamen ändern könnte, wenn ich wollte, aber ich liebte die Geschichte von der heiligen Colette und beschloss deshalb, den Namen zu behalten. Nach der Zeremonie gingen wir alle ins Aboushakra. Das Restaurant ähnelte dem, das ich immer mit meinem Großvater besuchte, am Rand der Wüste, wo man gegrillte Täubchen und alle meine sonstigen Leibspeisen bekam. Es war das einzige Mal, dass meine Mutter versuchte, etwas Nettes für mich zu tun.

Später in diesem Monat machte ich mich mit meiner Mutter auf den Weg, um mein Kleid für die Erstkommunion anzuprobieren. Das Kleid war lang und weiß mit kleinen Rüschen. Außerdem sollte ich eine Krone aus winzigen Blumen mit einem kleinen Schleier tragen. Meine Mutter nahm mich beiseite und sagte mir, ich solle mit meinen Großeltern nicht darüber sprechen, denn das würde sie nur aufregen. Mir fiel es schwer zu begreifen, warum dieses Ereignis – das schönste meines Lebens, wie meine Mutter mir immer wieder versicherte – meinen Großeltern wehtun konnte. Deshalb sagte ich auch nie ein Wort; ich liebte sie zu sehr, um ihnen Kummer zu bereiten.

Als der große Tag dann kam, war die Kirche zum Bersten voll mit stolzen Eltern. Die Mutter Oberin drückte jeder Erstkommunikantin ein Messbuch in die Hand und

Mère de Rousiers überreichte mir eine kleine goldene Medaille mit einem Engelskopf. «Ich hoffe, von nun an bist du ein gutes Mädchen, Colette», meinte sie mit einem schelmischen Lächeln – sie wusste genau, dass ich mit Mère Larvulla Probleme hatte und immer haben würde. Während der beiden auf meine Kommunion folgenden Monate verschwand meine Mutter aus meinem Blickfeld.

Dann kamen die Osterferien und meine Großeltern fuhren nach Alexandria. Ich sollte die Ferien mit meiner Mutter verbringen, aber da sie nichts von sich hören ließ, musste ich im Kloster bleiben. Ich fühlte mich elend. Meine Freundin Irene Tadros schlug vor, ich solle mit ihr nach Meadi, einem Vorort von Kairo kommen, wo ihre Mutter wohnte. Doch da meine Mutter keinerlei Anweisungen hinterlassen hatte und ich wusste, dass das Kloster es mir deshalb nicht erlauben würde, mit Irene zu gehen, schmiedeten wir Fluchtpläne. Sie würde den Schulbus nehmen, ich sollte das Kloster mit einem öffentlichen Bus verlassen. Dann wollten wir uns am Bahnhof treffen. Ich schlich mich aus dem Gebäude und unser Plan funktionierte tatsächlich. Zwar schien Irenes Mutter sich ein bisschen zu wundern, warum meine Mutter sie nicht von meinem Besuch in Kenntnis gesetzt hatte, aber sie hatte gerade erst ihren Mann verloren und war froh, dass Irene eine Freundin dabeihatte, mit der sie sich beschäftigen konnte.

Meadi war im Krieg entstanden, als Wohngebiet für hohe britische Armeeangehörige. Es gab einen Sportclub wie den in Kairo und zur Teezeit versammelten sich die englischen Ladys im Garten des Clubs, um ihren Tee zu schlürfen. Hier lernte ich den englischen High Tea kennen. Wir verbrachten viel Zeit am Swimmingpool, tranken nachmittags unter einem großen weißen Schirm im Garten Tee und taten so, als wären wir vornehme Damen. Wir bestellten Sandwiches mit Gurke und Tomaten, heiße Scones mit dicker Sahnecreme und Erdbeermarmelade. Einige Tage später kamen meine Großeltern nach Kairo zurück. Als sie erfuhren, dass meine Mutter weggefahren war, schickte mein Großvater den Chauffeur los, um mich an der Schule abzuholen. Aber der konnte mich natürlich nirgends finden, und die Nonnen liefen aufgescheucht umher und versuchten herauszubekommen, wohin ich verschwunden war. Wie konnte ich das Kloster verlassen haben, ohne dass jemand etwas bemerkt hatte? Man alarmierte die Polizei, aber wieder einmal war es Mère de Rousiers, die schließlich des Rätsels Lösung fand. Sie rief Irenes Mutter an und schon war alles geklärt. Zum ersten Mal in meinem Leben bekam ich mit, dass mein Großvater meine Mutter anschrie. Er drohte, mich ihr wegzunehmen, wenn sie sich nicht besser um mich kümmerte.

Im Kloster wurden sehr viele Feiertage begangen. Besonders gut erinnere ich mich noch an das Fest der heiligen Bernadette von Lourdes. Es wurde am 15. Februar gefeiert, zu Ehren des armen französischen Bauernmädchens, dem im Jahr 1848 in einer Grotte bei Lourdes achtzehnmal die Heilige Jungfrau Maria erschienen war. Das bravste Mädchen des Klosters durfte als Bernadette in einem Bauernkostüm die Prozession zur Grotte im Klostergarten anführen. Selbstverständlich verzehrte ich mich danach, diese Rolle zu übernehmen, denn ich war sicher, dass ich im Kostüm der heiligen Bernadette wundervoll aussehen würde. Deshalb war ich auch recht zuversichtlich, dass ich die Auserwählte sein würde, wenn ich es nur versuchte.

Doch der «Wettkampf» begann schon im Dezember: Wenn wir uns an einem Tag gut benommen hatten, durften wir ein kleines Spielzeuglämmchen ein Stück näher an die Krippe mit dem Jesuskind schieben. Leider schien mein Lamm unweigerlich den hintersten Platz der Kolonne einzunehmen – ich war unverbesserlich. Eines Nachts, als alle schliefen, schlich ich deshalb die Treppe hinunter zur Krippe und stellte mein Lamm ganz nach vorn, vor alle anderen. Niemand sah mich, niemand schöpfte Verdacht. Ich wiederholte diese Maßnahme jede Nacht, bis zu dem Tag, an dem die heilige Bernadette ernannt werden sollte und mein Lamm schon beinahe die Füße des Jesuskindes berührte. Alle Mädchen versammelten sich in der großen Halle. Voller Angst stand ich da, denn ich fürchtete, dass ich nun vor allen anderen beschämt werden würde. Doch zu meiner großen Überraschung wurde tatsächlich mein Name aufgerufen: Ich sollte in diesem Jahr die Bernadette sein. Ich war wie betäubt und gleichzeitig so erleichtert, dass ich in Tränen ausbrach. Mère de Rousiers nahm mich in den Arm und murmelte: «Na, na … Colette! Wein doch nicht!»

Die nächsten Wochen bemühte ich mich sehr, brav zu sein, denn ich fürchtete, ich könnte die Rolle der Bernadette wieder verlieren. Am Tag der Prozession trug ich einen karierten Rock, eine Bluse mit lockeren Ärmeln, einen Schal um die Schultern und ein Kopftuch, an den Füßen Holzpantoffeln und einen Korb mit Blumen in der Hand. So führte ich die Prozession an und kniete vor der Grotte nieder, fest überzeugt, dass ich aussah wie ein

Engel. Leider gibt es kein Foto von mir in meinem Kostüm. Meine Mutter war nicht da und mit meinen Großeltern konnte ich dieses Erlebnis nicht teilen.

Im Herbst 1947 kündigte meine Mutter an, dass sie Ägypten verlassen und nach Paris ziehen wollte. Ich war traurig darüber und hatte Angst vor dem Unbekannten. Paris schien mir so weit weg. Ich musste mich von allen meinen Freundinnen im Kloster verabschieden. Mère de Rousiers umarmte mich und drückte mir eine kleine Medaille der Gründernonne in die Hand. «Sie wird dich beschützen, Colette. Pass gut auf dich auf und vergiss uns nicht.» Aber so Leid es mir auch tat, das Kloster zu verlassen, das ich inzwischen tatsächlich lieb gewonnen hatte – mich von meinen Großeltern, von Ahmet und von Aishe verabschieden zu müssen, brach mir das Herz (obwohl ich damals natürlich nicht wusste, dass ich sie nie wieder sehen würde).

Auf der gemächlichen Seereise nach Frankreich erklärte mir meine Mutter, dass Grandmère Rose in Marseille auf uns warten würde. Sie schärfte mir ein, fürs Erste nicht darüber zu reden, dass ich katholisch geworden und im Kloster gewesen war. Inzwischen war ich sehr religiös und fühlte mich einmal mehr verwirrt und betrogen. Aber ich befolgte die Anordnungen meiner Mutter und sagte kein Wort über den Katholizismus, solange wir bei meiner Großmutter Rose lebten.

1997 kehrte ich mit meiner Tochter Juliette nach Kairo zurück und besuchte auch das Kloster, in dem ich vier Jahre meiner Kindheit verbracht hatte, hin- und hergerissen zwischen meinen jüdischen Großeltern und meiner katholischen Mutter, deren Liebe ich so verzweifelt zu erringen versuchte. Fünfzig Jahre waren verstrichen. Inzwischen war das Kloster kein Internat mehr, sondern eine Tagesschule. Wir kamen am letzten Schultag vor den Sommerferien und warteten im hellen, aber mittlerweile recht schäbigen Salon auf die Mutter Oberin. Ich saß genauso da wie damals – stocksteif auf einem mit rotem Samt bezogenen Stuhl, der ziemlich abgeschabt aussah, unter dem Porträt der Heiligen Mutter, die den Orden vor hundert Jahren gegründet hatte. Überall rannten lärmend kleine Mädchen herum, während ihre Mütter sich bemühten, sie einzufangen und in die wartenden Limousinen zu scheuchen. Die Nonnen trugen keinen Habit mehr, sondern einfache Kleider; außerdem wurden sie ausnahmslos mit «Schwester» angeredet. Die Atmosphäre hatte viel von ihrer Strenge verloren; alles machte einen ganz entspannten Eindruck. Plötzlich ging die Tür auf und eine alte Nonne in einem dunkelblauen Kleid, das Haar unter einem weißen Schleier, trat ein. Sie kam auf uns zu und sagte: «Ich hätte Sie überall erkannt. Sie haben sich kein bisschen verändert. Ich bin Sœur de Rousiers.» Weinend wie zwei kleine Kinder umarmten wir uns.

Sœur de Rousiers war fast achtzig, aber immer noch temperamentvoll. Wir unterhielten uns eine Weile und machten dann einen Spaziergang zur Kapelle. Der hübsche Park war verschwunden. Die Regierung hatte sich das meiste Land angeeignet; der Rest war in einen Betonspielplatz und einen Tenniscourt verwandelt worden. Aber am Ende des Hofes lag immer noch die Grotte mit der blauen Statue der Jungfrau Maria. Ich erinnerte mich daran, wie stolz und glücklich ich an jenem Tag gewesen war, die

Prozession als heilige Bernadette anführen zu dürfen, und auf einmal drehte ich mich um und stellte endlich die Frage, die mir seit fünfzig Jahren auf der Seele lag. «Warum durfte ich die heilige Bernadette sein, obwohl doch jeder wusste, dass ich gemogelt hatte und es gar nicht verdiente?» Sœur de Rousiers lachte und antwortete, indem sie sich augenzwinkernd an meine Tochter wandte: «Wir haben alle gehofft, wenn Sie die heilige Bernadette darstellten, würde ein Wunder geschehen und Sie würden sich in einen Engel verwandeln!»

Heute erhält meine älteste Tochter Marianne einige meiner katholischen Praktiken aufrecht, obwohl ich sie in meinem Zuhause nie eingeführt habe. Wenn sie sich etwas sehr wünscht, zündet sie eine Kerze an und betet zum heiligen Antonius, und sie hat ein starkes Bedürfnis, im katholischen Sinne «gut» zu sein.

Doch auch ich fühle mich verpflichtet, den Glauben des kleinen Mädchens, das gegen seinen Willen ins Kloster gesteckt wurde, aufrechtzuerhalten: An Weihnachten gibt es bei uns immer einen riesigen Baum und viele Geschenke. Dann sitzen wir um den Kamin, singen Weihnachtslieder und genießen ein Festmahl mit gedünsteten Linsen, *Boudin blanc* (Weißwurst aus Milch und Geflügelbrust), einem grünen Salat und einem *Bûche de Noël* (Weihnachtsscheit).

7
SOMMERZEITEN

EINE goldene Sonne, tiefblaues Wasser, Gelächter … ganz gleich, wie verloren ich mich in meiner Schulzeit oft fühlte, waren die Sommermonate von Anfang an immer wie eine Befreiung von der Unsicherheit, zu allen und doch zu niemandem richtig zu gehören. Zu meinen frühesten Erinnerungen – ich muss ungefähr drei Jahre alt gewesen sein – gehören die an das Sommerhaus meiner französischen Großeltern in Biarritz, eine weitläufige Villa mit einer großen Wohnküche, die auf einen üppigen Kräutergarten hinausging. Als ich das Haus Jahre später wieder sah, staunte ich, wie primitiv die Küche war. Sie hatte ein Spülbecken aus Stein ohne fließendes warmes Wasser und einen Holzofen. Wie hatte Georgette, Köchin und Haushaltschefin, hier so denkwürdige Mahlzeiten zubereitet? Ich erinnere mich noch an ihre von der Hitze rot glühenden Wangen, an ihre Hände, die genau wie die Luft über dem Herd rochen – nach Knoblauch, nach Rosmarin, nach den reifen Pfirsichen, die in einem zarten Teig brutzelten.

Um das Haus war ein von einer Mauer begrenzter Garten mit Spalierpfirsichen und Birnbäumen und einer Weinlaube. Wenn die Trauben reif waren, hob mich mein Großvater James hoch, damit ich mir welche abpflücken konnte. Die warmen Trauben explodierten in meinem Mund und ich lachte, bis mein Kleid vorn mit klebrigem Saft bekleckert war. Dann schimpfte Grandmaman Rose mit ihrem Mann, während ich zu Georgette rannte, die mir das Kleid auszog und sich bei meiner Großmutter beklagte, die unweigerlich antwortete: «Es ist Sommer … lass sie spielen. Ich wasche ihr Kleid.»

Das Sonntagsessen in Biarritz war immer eine große Sache. Mit widerstreitenden Gefühlen betrachtete ich meine distanzierte, elegante Mutter, während ich mich an meinen Großvater schmiegte, der eine eindeutigere und zuverlässigere Quelle der Zuneigung war. Onkel, Tanten und die Freunde meiner Großeltern scharten sich um den langen Tisch. Morgens halfen der Gärtner und seine Frau Georgette beim Hausputz. Der Duft der Pfirsich- oder Rhabarbertörtchen durchströmte jeden Raum des Hauses. Unter einem Schirm wurden im Garten Hors d'œuvres und Drinks gereicht. Später schmausten wir gebratenes Kaninchen mit frischem Salbei, winzige, in Entenschmalz sautierte Kartoffeln, Stangenbohnen oder Spargel und *Pissenlit*, Löwenzahnsalat mit Croutons, Walnüssen und kleinen, knusprigen Schinkenwürfeln. Meist war die Konversation von politischen Themen bestimmt. Ich hatte keine Ahnung, wovon die Erwachsenen sprachen, obgleich ich mich erinnere, dass das Wort *Krieg* sehr häufig vorkam.

Nachmittags wanderte die ganze Familie zu einem kiesigen Strand. Ich blieb lieber im Garten (denn dort konnte ich den strengen Blicken meiner Mutter leichter entfliehen), wo ich mit meinem Holzreifen spielte oder den klei-

KANINCHENBRATEN MIT SALBEI

Ein 3 Pfund schweres Kaninchen mit Salz und Pfeffer einreiben und beiseite legen. 2 Esslöffel Butter, 1 Esslöffel Olivenöl, 2 geschälte Knoblauchzehen und 60 g frischen Salbei in einen Mixer geben oder mit dem Pürierstab fein pürieren. Die Mischung auf das Kaninchen verteilen.

Das Kaninchen in einen Bräter geben, mit ½ Tasse Hühnerbrühe übergießen. Im auf 165 °C vorgeheizten Backofen etwa 1 Stunde braten – oder bis man leicht eine Gabel hineinstecken kann; dabei immer wieder wenden. 10 Minuten ruhen lassen, dann aufschneiden und mit kleinen Röstkartoffeln servieren. Ergibt 4 Portionen.

nen Drachen steigen ließ, den mein Großvater für mich gebastelt hatte. Er flog nicht sonderlich hoch, war aber mit hübschen Zeichnungen von Katzen und Vögeln verziert. Wenn meine Großeltern und meine Eltern abends zum Essen ausgingen, kochte Georgette eigens für meinen Bruder und mich. Ich verschlang das mit Pilzen gefüllte Hühnchen, während sich mein Bruder ausschließlich für den Schokoladenkuchen interessierte. Schon damals hänselte er mich wegen meines Knoblauchatems … aber ich übertrumpfte ihn dafür beim Schwimmen. Meine robuste Gesundheit war die beste Waffe gegen seinen Spott.

Ehe der Krieg ausbrach und mein Vater krank wurde, verbrachten wir einen Teil des Sommers mit meinen ägyptischen Großeltern und ihren Kindern und Enkeln in

Gstaad, dem schweizerischen Ferienort, wo Ägypter der oberen Mittelschicht mit ihren Familien damals gern Urlaub machten.

Alle Kinder wohnten mit ihren Kindermädchen auf demselben Stockwerk des Hotels, was für mich als Jüngste sehr unangenehm war, denn ich war die natürliche Zielscheibe für die Scherze der älteren Kinder. So erteilten sie mir beispielsweise mit Vorliebe Anweisungen auf Arabisch, die ich vorgab zu verstehen, obwohl ich gar kein Arabisch konnte. Wenn ich etwas Falsches machte, lachten alle und erwarteten, dass ich anfing zu weinen. Aber ich war fest entschlossen, ihnen diese Genugtuung nicht zu gewähren, und innerhalb von zwei Wochen hatte ich genug Wörter gelernt, um mehr oder weniger zu verstehen, was sie zu mir sagten. Später, als ich nach Ägypten zog, lernte ich von Aishe Arabisch.

In dem Sommer, als ich vier Jahre alt war, wurde meine Gouvernante krank und man schickte mich in ein Sommerlager. Ich war mit allerlei Aktivitäten gut beschäftigt und am Ende des zweiwöchigen Aufenthalts machten wir mit wunderschönen roten Papierlaternen einen Umzug den Hügel hinab und ins Dorf hinein, wo wir ein Restaurant besuchten und an langen Holztischen Platz nahmen. Alle bekamen eine langstielige Gabel und ein paar Stücke knuspriges Brot, die wir in geschmolzenen Gruyère tunken durften. Ich erinnere mich noch gut an den heißen, süßen, leicht nussig schmeckenden blubbernden Käse. Erst nachdem ich mit fünfzehn aus Kairo wegzog, bekam ich das nächste Mal Fondue zu essen.

Nachdem mein Vater durch seine Krankheit geschwächt war und wir nach Ägypten zogen, verbrachten wir den Som-

PISSENLIT (LÖWENZAHNSALAT)

1 Pfund Löwenzahnblätter oder Frisée (krauser Endiviensalat) waschen und gut abtropfen lassen. 4 dicke Scheiben Schinkenspeck in Würfel schneiden und anbraten, bis sie schön braun sind. Den Speck auf Küchentüchern abtropfen lassen und das Restfett in der Pfanne aufbewahren.

1 Esslöffel Rotweinessig, ½ Esslöffel Olivenöl, Salz und Pfeffer vermischen. Genügend von dem Fett hinzufügen, dass eine würzige Vinaigrette entsteht.

Die Löwenzahnblätter in eine Schüssel geben, 1 Tasse getoastete Croutons, ½ Tasse klein gehackte Walnüsse und die Schinkenwürfel hinzufügen. Mit der Vinaigrette vermischen. Ergibt 4 bis 6 Portionen.

mer nicht mehr in Europa. Die ägyptischen Sommer gehören zu meinen liebsten Erinnerungen; sie waren die schönsten Momente in all den Jahren, die ich dort verbracht habe. Es schien, als wären die Erwachsenen so damit beschäftigt, die Hitze zu verkraften, dass sie keine Zeit zum Streiten hatten und sich auch nicht um die jüngere Generation kümmerten. Jedenfalls blieben wir größtenteils uns selbst überlassen. Ab Anfang Mai hörte die Schule schon um ein Uhr auf und wir gingen alle in den Sportclub, zum Schwimmen und zum Mittagessen. Mit meinen jüngeren Cousins und Cousinen spielte ich im Gebüsch des wunderschönen Clubgartens Verstecken, während die älteren Tennisstunden nahmen.

Mein Bruder, der zwei Jahre älter war als ich, war ein

ungelenker kleiner Junge, dünn, mit hellbraunen Locken und hellen blaugrauen Augen. Er war nicht sonderlich hübsch, aber hochintelligent. Edouard (wir nannten ihn Eddy) hatte mit vier Jahren lesen gelernt, worauf meine Mutter sehr stolz war. Eddy hatte immer einen ernsten Gesichtsausdruck und mein Vater sagte immer: *«Il a l'air d'un vieux bonhomme.»* («Er sieht so erwachsen aus.») Aber wir beide kamen nicht miteinander aus. Ich denke, einer der Gründe war, dass Familie und Freunde so oft irgendwelche Bemerkungen darüber machten, wie hübsch ich war, meinen Bruder aber nur freundlich anlächelten.

Im Juli 1939 wurde Eddy nach Paris geschickt – nur für einen Sommer, glaubte meine Mutter. Er war damals zehn Jahre alt, hasste die ägyptische Hitze und hasste es noch mehr, bei meinem gelähmten Vater und seiner lauten ägyptischen Familie zu wohnen. Wir fuhren alle durch die Wüste nach Alexandria, um meinen Bruder zu dem Schiff zu bringen, mit dem er nach Marseille reiste. Dort würden meine französischen Großeltern ihn abholen, und im September sollte Eddy dann nach Ägypten zurückkehren. Aber Eddy kam nicht zurück. Er verbrachte den ganzen Krieg in Paris und ich, die ich mich emotional sowieso schon von ihm entfernt hatte, durchlebte meine Jugend ohne meinen einzigen Bruder.

In diesem Sommer ließen wir uns in Alexandria nieder. Meine Großeltern hatten in einer neuen Wohngegend ein großes Haus gemietet, nicht weit von der Rennbahn, da mein Großvater und seine Söhne gern wetteten. Zu unserem Haushalt gehörten meine Großeltern, Tante Marie, Aishe und ich. Auf Anordnung der Ärzte waren meine Eltern nach Oberägypten gereist. Wie gewöhnlich herrschte

Ahmet über die Küche und Abdullah half aus. Einen großen Teil des Tages verbrachten wir am Strand, der von einem Halbkreis eleganter Cabanas eingefasst wurde, jede mit einer Bar, einem Kühlschrank sowie zahlreichen Sesseln und Chaiselongues. Meine Großmutter und Tante Marie machten es sich unter einem Schirm bequem, während Aishe und ich im Sand spielten. Gegen Mittag erschienen Ahmet und Abdullah mit Proviantkörben. Dann wurde der Tisch für ein wunderbares Mittagessen gedeckt: kaltes Hühnchen mit einer leichten, leckeren Mayonnaise, schwarze Oliven, verschiedene Käsesorten, eine eiskalte, süße Wassermelone.

Nach dem Essen machten meine beiden Großeltern ein Nickerchen und ich spielte ein bisschen. Ahmet und Abdullah trugen das Essen zurück ins Haus und bekamen den Nachmittag frei. Gegen vier Uhr kamen meist ein paar Freunde zu meinen Großeltern, um ein Stündchen Karten zu spielen, während wir schwimmen gingen. An manchen Tagen war es so heiß, dass wir zum Mittagessen lieber heimgingen. Später am Nachmittag machten meine Großmutter und ich einen Spaziergang auf der eleganten Corniche oder mieteten eine Pferdekutsche und fuhren zum Einkaufen. Grandmaman kaufte für ihr Leben gern in Alexandria ein. Sie sagte immer, in dem großen Kaufhaus am Place Mohamed-Ali komme sie sich vor wie bei einem Kurzurlaub in Paris. Dann kaufte sie französisches Parfüm, Schals, Sandalen, vielleicht ein Abendkleid.

Die Sommerabende waren wichtige soziale Ereignisse. Alexandria hatte elegante Casinos und Restaurants an der Corniche, wo sie und mein Großvater sich mit ihren Freunden zum Abendessen und zum spätabendlichen Glücksspiel trafen.

Sonntags mieteten meine Großeltern ein Segelboot oder einen Kutter und meine Cousins und ich machten lange Ausflüge aufs offene Meer. Am Ende des Sommers war meine Haut schokoladenbraun. Ich bekam nie Sonnenbrand, was meine blasse Cousine Renée furchtbar ärgerte. Sie wurde nämlich sofort krebsrot, wenn sie in die Sonne ging. Meine Mutter jedoch war entsetzt darüber, dass ich so dunkel wurde «wie eine Zigeunerin». Heute erwische ich mich manchmal dabei, dass ich meine älteste Tochter und meinen jüngsten Sohn bewundere, die – anders als ihre Geschwister – im Sommer knackig braun werden, und ich nenne sie auch «Zigeuner», ohne weiter darüber nachzudenken.

Im Sommer 1942 beschlossen meine Großeltern, ein Haus auf Ras-el-Bar, einer Insel im Nildelta, zu mieten, die in den Wintermonaten unter Wasser liegt. Im Sommer wurden Fundamente gebaut und blieben über den Winter dort. Zu Frühlingsbeginn, wenn das Meer sich zurückzog, konstruierte man Sommerhäuser mit dicken Strohwänden, durch die der Meerwind blies. Das Mobiliar war äußerst simpel: roh behauene Holzbetten, ein paar rustikale Sessel, ein oder zwei Chaiselongues. In unserem ersten Sommer auf Ras-el-Bar wohnten wir im Grand Hotel Aslan, während unser Haus fertig gestellt wurde. Trotz seines prätentiösen Namens war das Hotel aus den gleichen Materialien gebaut wie die Privathäuser und ebenso primitiv. Ras-el-Bar war mein ganz privater Zufluchtsort. Den ganzen Tag lang konnte ich barfuß herumlaufen, entweder im Badeanzug oder nur in einem leichten Sommerkleid.

Wenn der Nil gegen Ende des Sommers über die Ufer trat, konnte man Krabben fangen, indem man sie einfach mit den Händen aus dem flachen Wasser fischte. Jeden Samstagabend wurde auf dem Strand vor der Veranda ein großer Zeichentisch mit Bergen gedünsteter Krabben und Schüsseln mit verschiedenen Dips für das Krabbenfleisch aufgestellt. Dazu gab es leuchtend roten Tomatensalat mit reichlich Knoblauch; Kichererbsensalat mit roten Zwiebeln und dünnen gebratenen Auberginenscheiben in würzig duftendem Olivenöl; knuspriges französisches Brot, eiskaltes Bier und für die Kinder Limonade. Die meiste Zeit standen die Leute um den Tisch herum, aßen und plauderten. Die Älteren saßen auf Stühlen, den Teller auf den Knien. Kinder liefen herum und grapschten sich hier und dort ein Krabbenbein. Ich dagegen nahm den Krus-

GEKOCHTE SCHWIMMKRABBEN MIT INGWER-SCHALOTTEN-SAUCE

2 Liter Wasser in einem sehr großen Topf zum Kochen bringen. 12 Pfefferkörner hineingeben, 1 Esslöffel grobes Salz und 2 Lorbeerblätter. 2 Minuten kochen, dann 12 lebende Schwimmkrabben hineingeben und 8 Minuten kochen. Abgießen und abkühlen lassen.

Ein 10 cm dickes Stück frischen Ingwer schälen und in kleine Stücke schneiden. Mit 4 klein gehackten Schalotten, 1 Tasse Speiseöl, Salz und Pfeffer in den Mixer geben oder mit dem Pürierstab gut pürieren. In eine Schüssel geben und als Dip für die Krabben servieren. Zwölf Krabben reichen für 4 Portionen.

tentierverzehr ernst, setzte mich konzentriert vor meinen Berg Krabben und knackte die Schalen mit den Zähnen. Ich höre noch die Stimme meiner Großmutter: «Vorsicht, Colette, sonst brichst du dir noch einen Zahn ab!» Aber zum Glück passierte das nie. Bis heute knacke ich Krabben mit den Zähnen, doch wenn ich mitkriege, dass meine Kinder und Enkel es mir nachmachen, ermahne ich sie genau so, wie meine Großmutter mich immer ermahnt hat.

In diesem Sommer fand ich eine Freundin namens Nadine und wir wurden unzertrennlich. Nadine hatte einen großen Bruder, Jacques, der ungefähr vierzehn war und sich nur für Mädchen interessierte, die etwas älter waren als er. Manchmal hefteten Nadine und ich uns an seine Fersen und machten uns über die Mädchen lustig, die er beeindrucken wollte. Die meiste Zeit war er damit beschäftigt, uns fortzujagen. Ich glaube, ich war in ihn verliebt, aber er ignorierte mich vollständig.

Eines Morgens im August jedoch kam Nadine angelaufen, um mir zu sagen, dass sie und ihr Bruder die Nilüberschwemmung ansehen wollten und dass ich mitkommen solle. Eine Seite der Insel Ras-el-Bar geht aufs offene Meer hinaus, die andere aufs Nildelta. So standen wir am Ufer und blickten hinüber zum Delta, wo ich zunächst nichts Außergewöhnliches entdecken konnte. Das Wasser war blau und still wie üblich und ich wollte gerade gehen, als ich plötzlich sah, wie der riesige Fluss regelrecht durchs Meer zu pflügen schien. Ein schmaler brauner Wasserstrom bahnte sich wie ein gigantischer Aal langsam, aber sicher einen Weg durch das Blaugrün des Ozeans, bis die zwei Wasserarten sich irgendwann vermischten. Fisch-

GEBRATENER FISCH MIT MANDEL-SARDELLEN-SAUCE

12 kleine Meerbrassen, Butterfische oder einen anderen kleinen Seefisch in einer Mischung aus ½ Tasse Olivenöl, 2 klein gehackten Zwiebeln, dem Saft einer Zitrone, 2 Esslöffeln klein gehacktem frischem Thymian, 1 Esslöffel klein gehacktem frischem Majoran sowie Salz und Pfeffer marinieren.

Inzwischen 1 kleine Dose Sardellen samt Öl in einen Mörser geben und mit dem Stößel bearbeiten, bis eine glatte Mixtur entsteht. 2 Esslöffel Speiseöl in einer Bratpfanne erhitzen, 3 zerdrückte Knoblauchzehen hinzufügen und 2 Minuten anbraten. Die Sardellenpaste und 1 Esslöffel Mehl hinzufügen. Gut umrühren, dann ½ Tasse Weißweinessig und eine ¾ Tasse Wasser hinzufügen, dabei weiter umrühren. ½ Tasse gemahlene Mandeln und 2 Esslöffel in ½ Tasse Wasser aufgelöstes Tomatenmark hineingeben. Zum Kochen bringen, Hitze herunterstellen und 20 Minuten köcheln lassen, dabei gelegentlich umrühren. In eine Schüssel geben und mit 2 Esslöffeln klein gehackter frischer Petersilie garnieren.

1 Tasse Mehl mit Salz und Pfeffer würzen. 2½ Tassen Olivenöl in einer großen Bratpfanne erhitzen. Ein paar von den Fischen in der Mehlmischung wälzen und in sehr heißem Öl auf beiden Seiten goldbraun braten. Auf Küchentüchern abtropfen lassen, dann in den Backofen stellen, damit sie warm bleiben. Die Sauce zum Fisch servieren. Ergibt 4 Portionen.

schwärme wirbelten das Wasser auf, in dem verzweifelten Versuch, sich hinaus aufs offene Meer zu retten. Jacques ließ uns ins Wasser steigen und zeigte uns, wie wir mit bloßen Händen Fische fangen konnten. Er hatte einen Korb mitgebracht, der innerhalb von zehn Minuten voll war mit zuckenden Fischen. Wir trugen sie zu Nadine nach Hause und ihre Mutter lud mich zum Essen ein – es gab Unmengen von Bratfisch, dazu einen großen grünen Salat. Am nächsten Tag kamen mir zwei enttäuschende Nachrichten zu Ohren – dass wir nicht mehr im Meer schwimmen gehen konnten, weil es mit toten Fischen verseucht war, und dass es Zeit war, nach Kairo zurückzukehren. Die Strohwände der Sommerhäuser wurden zusammengerollt und zur Aufbewahrung aufs Festland geschickt. Wenn das Schiff kam, um uns abzuholen, würde Ras-el-Bar aussehen wie eine Geisterstadt, und bald würden die Fundamente der Häuser von der Flut bedeckt sein.

Im Sommer 1944 war ich zwölfeinhalb und meine Mutter erklärte meinen Großeltern, dass ich in den Ferien lieber ins Sommerlager statt auf die Insel fahren sollte. Sie fand, dass ich zu viel Zeit mit Erwachsenen zusammen war und den Sommer lieber mit Gleichaltrigen verbringen sollte. Ich war am Boden zerstört bei dem Gedanken, keinen unbeschwerten Sommer mehr am Delta genießen zu können, und bettelte meinen Großvater an, nein zu sagen. Obwohl er grundsätzlich mit der Ansicht meiner Mutter übereinstimmte, schlug er einen Kompromiss vor und bestand immerhin darauf, dass ich den Monat August bei der Familie bleiben durfte. So stickte Aishe im Juni, gleich nach Beginn der Ferien, meinen Namen auf alles, was ich vielleicht mitnehmen würde: auf Taschentücher, die ich nie benutzte, auf Socken, die ich nie anzog, sogar auf Bänder, die ich nie brauchen würde, weil ich meine Haare immer zu festen Zöpfen flocht.

Am 1. Juli hielt ein Bus voller Kinder zwischen zehn und fünfzehn Jahren vor der Haustür, um mich ins Ferienlager zu bringen. Es war nur noch ein einziger Platz frei, neben einem Jungen mit widerspenstigen schwarzen Haaren, die ihm in die Stirn hingen. Die erste Stunde redete niemand ein Wort, sosehr sich unser Betreuer auch abmühte, uns zum Liedersingen und Geschichtenerzählen zu animieren. Dann wurden Lunchpakete mit langweiligen Käsebroten und einem Stück Obst verteilt. Wie üblich hatte Ahmet ein Carepaket für mich vorbereitet, das Sandwiches mit Tomaten, Feta und schwarzen Oliven enthielt, dazu selbst gemachte Kartoffelchips, Mangoscheiben und seine berühmten Walnussplätzchen. Mir war die Situation ausgesprochen peinlich und ich wusste nicht, ob ich meine Versorgungsbox auf meinem Schoß öffnen sollte. Auf einmal fragte der schwarzhaarige Junge: «Was ist denn in der Schachtel?»

Ich lächelte. «Möchtest du etwas davon abhaben? Das hat alles unser Koch gemacht. Er hat nämlich immer Angst, dass ich verhungere, weil ich das Essen, das nicht er zubereitet hat, meistens nicht mag. Und wie heißt du?», fügte ich hinzu.

«Henri Dufour. Ich bin vierzehn und ich habe noch drei Brüder. Der Blonde da vorn, das ist Carl. Er ist zwölf. Dann noch André, er ist elf und sitzt ganz hinten. André mag Mädchen. Der Jüngste ist Philippe, er ist neun. Und wie heißt du? Darf ich das Sandwich haben?»

Ich war sprachlos. Ohne ein Wort überreichte ich ihm

das Sandwich. Er hatte tiefe, dunkelblaue Augen und ein Grübchen in der Wange, wenn er lächelte. «Wie heißt du denn?», wiederholte er barsch. «Hast du dir vielleicht die Zunge abgebissen?» Endlich bekam ich wieder Luft und antwortete: «Colette.» Im Handumdrehen hatte ich mich verliebt und wusste, dass ich den ganzen Sommer mit diesem Jungen verbringen wollte.

Während der langen Fahrt nach Alexandria erzählte Henri von seinem Vater, der mit de Gaulle in London war. «Er kämpft gegen die Nazis, er wird Frankreich befreien», verkündete er stolz. Seine Mutter war noch in Kairo und arbeitete für das französische Radio; jeden Tag versuchte sie, mit seinem Vater Kontakt aufzunehmen. Auch Henri war das erste Mal im Sommerlager, allerdings nur, weil er sich um seine jüngeren Brüder kümmern sollte. «Ich bin zu alt für so eine Kinderveranstaltung», meinte er verächtlich. Er redete ununterbrochen, die ganze Fahrt über. Ich nickte nur und stimmte allem zu, was er sagte. Doch mir graute vor der Ankunft, denn ich war sicher, unsere knospende Freundschaft würde sich in Luft auflösen, sobald der Bus das Lager erreichte.

Das Camp lag auf einer dürren Landzunge außerhalb von Alexandria am Meer. Es gab separate Bungalows für Mädchen und Jungen und dazwischen einen großen Swimmingpool, Tennisplätze und Segelboote. Ich teilte mir einen Bungalow mit vier ungefähr gleichaltrigen Mädchen. In der ersten Nacht konnte ich nicht schlafen, weil ich mir solche Sorgen machte, ob ich je wieder mit Henri zusammen sein würde.

Am nächsten Morgen entdeckte er mich im Speisesaal und winkte mich zu sich und seinen Brüdern. Er stellte mich ihnen als seine Freundin Colette vor. «Sie bleibt bei uns», verkündete er mit einer Autorität, die nur ein großer Bruder an den Tag legen kann. Carl, dem der Protest gegen die Anwesenheit eines Mädchens in ihrer maskulinen Mitte auf der Zunge zu liegen schien, begegnete Henris scharfem Blick und nickte dann heftig zustimmend mit dem Kopf.

Mir wurde sehr schnell klar, dass die Jungen – und bald darauf auch ich – widerspruchslos gehorchten, wenn Henri etwas anordnete. Als er beispielsweise beschloss, dass wir uns alle für den Segelkurs anmelden sollten, taten wir es brav, obgleich ich Segeln hasste und oft seekrank wurde. Eines Morgens entschied Henri, dass wir alle fünf beim Schwimmwettkampf mitmachen sollten. Ich war zwar eine gute Schwimmerin, hatte aber Zweifel, ob ich mit den Älteren und Erfahreneren mithalten könnte. Doch Henri sah mich an und sagte in seinem typisch barschen Ton: «Wir werden zusammen üben.» So übten wir – oder besser gesagt, ich übte – ein paar Stunden am Tag, bis ich sogar Carl schlagen konnte, der ein sehr schneller Schwimmer war. In der Nacht lag ich wach in meinem Bett und stellte mir vor, dass Henri mir etwas Nettes sagte, wie es in den Romanen passierte, die ich seit neuestem las. Wie würde es sein, wenn er mich küsste? Liebte er mich so, wie ich ihn liebte?

Der Tag des Wettbewerbs kam und ich wusste, ich musste gewinnen, wenn ich wollte, dass Henri mich liebte und stolz auf mich war. Die ersten beiden Rennen waren leicht zu gewinnen. Doch das letzte war schwieriger. Ich musste mit Mädchen konkurrieren, die größer und stärker waren als ich. Ich kann mich nicht erinnern, wie ich sie besiegte, aber ich schaffte es, und als ich mich aus dem Wasser hievte, umarmte mich Henri wortlos. Ich freute mich, hatte aber insgeheim auf einen Kuss gehofft.

Wieder einmal spielte die Kochkunst in meinen Beziehungen eine wichtige Rolle. Ich hasste das Essen im Ferienlager und wartete ungeduldig auf Ahmets Carepaket, das zuverlässig jede Woche voller Leckerbissen eintraf: italienische Salami, Käse, Plätzchen, Datteln. Natürlich teilte ich alles mit den vier Brüdern, was mir half, mit Carl besser auszukommen, der immer noch nicht recht damit einverstanden war, dass ich zu ihrer Gruppe gehörte. Außerdem merkte ich bald, dass Henri und seine Brüder alles aßen, was man ihnen vorsetzte, und sogar immer noch mehr wollten. Schließlich versorgte ich sie alle. Ich häufte mir Kartoffelbrei, Fleisch oder Fisch auf meinen Teller und nahm mir ein paar Scheiben Brot dazu. Dann aß ich selbst nur ein paar Bissen und teilte mir den Rest mit den Jungen. Das passierte regelmäßig, mit Ausnahme der Tage, an denen wir Shrimps fingen. Ich liebte die winzigen Shrimps. Alle Kinder wateten mit einem kleinen Eimer im Wasser herum. Im Meer wimmelte es von Shrimps und es war ganz leicht, sie mit unseren Netzen zu fangen. Dann brachten wir alle unsere Beute in die Küche und am selben Abend wurden sie zum Abendessen zubereitet – nur gekocht und in Olivenöl getaucht. Dies war die einzige Gelegenheit, bei der Carl sich revanchierte und mir seine Portion abgab – aber nicht aus Nettigkeit, sondern weil er Shrimps verabscheute.

Ein paar Tage bevor das Sommerlager zu Ende ging, sollte eine Tanzveranstaltung stattfinden. Henri verkündete postwendend, dass er Tanzen verabscheute. «Das ist doch nur was für Waschlappen», brummte er. Ich war bitter enttäuscht. Trotzdem zog ich das weiße Leinenkleid an, das Grandmaman für mich gemacht hatte. Ich fand, dass ich darin sehr schön aussah. Henri war nirgends zu entdecken, Carl schmollte in irgendeiner Ecke und André tanzte mit einer ganzen Schar von Mädchen. Ein paar andere Jungen forderten mich auf und ich begann mich gerade zu amüsieren, als Henri an der Tür erschien. Als die Musik pausierte, ging ich ganz locker zu ihm und versuchte auszusehen, als langweile mich die ganze Angelegenheit entsetzlich. «Möchtest du einen Spaziergang mit mir machen?», flüsterte Henri mir zu. Ohne ein Wort folgte ich ihm und im Handumdrehen waren wir am Strand. Auf einmal ergriff Henri meine Hand und hielt sie ganz fest. Ich wagte kaum zu atmen oder gar etwas zu sagen. So standen wir eine Weile regungslos da – es kam mir vor wie eine Ewigkeit, obwohl es wahrscheinlich nur ein paar Minuten waren. Dann beugte sich Henri zu mir herab und küsste mich kurz auf die Lippen. «Ich liebe dich», platzte ich heraus und zu meinem Erstaunen antwortete er: «Ich dich auch.» Schweigend wanderten wir zurück, Hand in Hand.

Die nächsten Tage waren wundervoll. Henri wich nicht von meiner Seite. Jetzt war ich seine «Freundin». Er lud mich ein, mit ihm spazieren zu gehen, und so schlenderten wir Händchen haltend zum Strand. Einmal hob er eine hübsche rosa Muschel auf und schenkte sie mir. Ich habe sie immer noch. Wenn wir segeln gingen, sorgte er dafür, dass ich neben ihm saß. Seine Brüder wunderten sich über die Verwandlung. Einmal machte Carl einen Witz auf meine Kosten und Henri wurde schrecklich wütend. Einen ganzen Tag saß Carl daraufhin isoliert in der Ecke und seine Brüder ignorierten ihn. Aber ich schloss Frieden mit ihm, denn ich wollte wieder zu den Jungs gehören.

Am Ende des Monats nahmen die meisten Lagerteilnehmer, einschließlich der Dufour-Brüder, den Bus zurück nach Kairo. Ich sollte zu meinen Großeltern in Alexandria. Henri versprach zu schreiben. Er wohnte in Meadi und es war zu weit für ihn, mich während des Schuljahres zu besuchen, also vereinbarten wir, uns im folgenden Sommer wieder zu treffen.

Das ganze Jahr über sah und hörte ich nichts von ihm und war zu schüchtern, um ihm zu schreiben. Aber als die Diskussion über die Sommerferien einsetzte, bestand ich zur allseitigen Überraschung darauf, wieder ins Sommerlager geschickt zu werden.

Als ich den Bus kommen sah, um mich abzuholen, ergriff mich die Panik und es tat mir plötzlich Leid, dass ich unbedingt ins Lager und nicht mit meinen Großeltern und meinen Cousins nach Marsa Matruk gewollt hatte, dem neuen Urlaubsort ungefähr eine Stunde von Alexandria entfernt, wo sie ein Haus gebaut hatten. Was, wenn Henri gar nicht da war? Oder wenn ein anderes Mädchen neben ihm saß? Als ich in den Bus stieg, entdeckte ich zu meinem Entsetzen, dass keiner der vier Dufour-Jungen da war. Schweigend brachte ich den Weg nach Alexandria hinter mich. Als ich mich in meinem Bungalow niedergelassen hatte, versuchte ich herauszubekommen, warum die Dufour-Brüder nicht da waren, und man erklärte mir, dass ihre Mutter nach Port Said gezogen war und ihre Kinder mitgenommen hatte.

Ich war geknickt. Den ganzen Winter über hatte ich davon geträumt, dass wir zusammen im Ferienlager sein würden. Wo ich auch hinging, alles erinnerte mich daran, wie glücklich ich im letzten Sommer gewesen war. In Gedanken wiederholte ich, was Henri mir gesagt hatte, sein Versprechen, den Sommer wieder mit mir zu verbringen. Nach ein paar Tagen war ich fest entschlossen, nicht länger zu bleiben. Also rief ich meine Großeltern an und sagte ihnen, wie elend ich mich fühlte. «Du musst durchhalten», sagte mein Großvater mit strenger Stimme, aber ich verlangte meine Großmutter zu sprechen. «Das Essen ist grässlich. Ich kriege überhaupt nichts runter», flüsterte ich. Da ich im Sommer davor stark abgenommen hatte, schlug sich meine Großmutter auf meine Seite, und innerhalb der nächsten achtundvierzig Stunden holte mich der Chauffeur meiner Großeltern ab und fuhr mich nach Marsa Matruk.

Als ich ein paar Jahre später nach Paris zog, suchte ich Henris Nummer im Telefonbuch und entdeckte, dass der Name Dufour in Frankreich so häufig vorkommt wie Smith in Amerika. Ich probierte es bei ein paar Dufours, aber keiner davon war während des Krieges in Kairo gewesen.

Marsa Matruk bestand aus einem langen, breiten Stück Strand, den mein Großvater zusammen mit ein paar anderen Geschäftsleuten gekauft hatte. Unser Bungalow, der direkt am Strand stand, war ungewöhnlich primitiv. Das Wasser in der Küche und im Bad roch stark nach Schwefel, Trinkwasser wurde in großen grünen Flaschen aus der Stadt angeliefert. Hinter dem Haus war eine Wiese mit Feigenbäumen. Morgens wanderte ein arabischer Junge um die Häuser und rief *«Teen! Teen!»* (das arabische Wort für Feige). Ahmet servierte die grünen Feigen ordentlich geschält mit Feta oder *Eishta*, starkem türkischem Kaffee, und dünnen getoasteten arabischen Brotscheiben. Zum Mittagessen gab es gegrilltes, in Limettensaft mariniertes Hähnchen, angerichtet mit gebratenen Bananen, eisgekühlten Wassermelonen und Feigen.

GEGRILLTES HÄHNCHEN MIT GEBRATENEN BANANEN

Für dieses Gericht braucht man sehr kleine Hähnchen, pro Stück höchstens 2½ Pfund. Kleine Bananen, etwa 10 cm lang und mit einem Durchmesser von knapp 4 cm sind am besten. Man bekommt sie in vielen Feinkostgeschäften. Sumach kann man in indischen Spezialitätengeschäften kaufen.

1 große Zwiebel klein hacken und die Stücke durch die Knoblauchpresse in eine große Schüssel pressen. Mit dem Saft von 3 Limetten, 3 Esslöffeln Olivenöl, 1 Esslöffel Sumach, 3 fein gehackten Knoblauchzehen sowie Salz und Pfeffer mischen. 2 kleine Hähnchen halbieren, mehrmals in der Marinade wälzen, damit sie ganz von ihr überzogen sind, abdecken und über Nacht kühl stellen.

Einen Holzkohlengrill anheizen. Die halben Hähnchen grillen, dabei ständig drehen und mit der Marinade einpinseln, bis sie gar sind. Vom Grill holen und auf eine Platte legen. 4 kleine Bananen schälen und in die Marinade tunken. Die Bananen 3 Minuten pro Seite braten und mit dem Hähnchen servieren.

Als Beilage eignet sich am besten ein Salat aus Gurken und Joghurt. Ergibt 4 Portionen.

Wir verbrachten einen großen Teil des Tages im Wasser, spielten Volleyball, liefen auf dem Strand oder unternahmen lange, gemütliche Spaziergänge. Abends war meine Haut überzogen von einer dünnen Schicht Sandstaub, der meine Sonnenbräune übertünchte, und ich war unendlich stolz auf meine Haare, die von der Sonne blond gebleicht waren.

In Marsa Matruk trank ich mein erstes Glas Wein. Wir saßen auf der Terrasse vor unserem Haus und unsere Gesichter glühten im Kerzenschein. Einer meiner Cousins brachte eine Flasche Rotwein mit. Als der Wein ausgeschenkt war, ergriff ich ein Glas, rief fröhlich und ein bisschen trotzig *«A votre santé»* und leerte es, ohne einmal abzusetzen. Danach musste ich furchtbar husten und erstickte fast an dem trockenen Wein. Alle lachten. Mein Großvater schnalzte missbilligend mit der Zunge, aber von nun an bekam ich jeden Abend ein Glas Wein.

Als meine Mutter im Jahr 1947 ankündigte, dass wir nach Paris zurückgehen würden, meinten in meiner Umgebung alle, ich solle mich glücklich schätzen, Ägypten verlassen und nach Frankreich ziehen zu dürfen. Deshalb war ich nur ein bisschen enttäuscht, nicht mehr ins Strandhaus zurückzukehren. Aber wie sich herausstellte, veränderte sich mein Leben von Grund auf, als ich Kairo verließ.

Paris erholte sich in dieser Zeit mühsam vom Naziregime. Wir wohnten in der Wohnung meiner Großmutter. Mein Großvater war 1945 an einer Lungenentzündung gestorben, gerade, als der Krieg zu Ende war. Wenn die richtigen Medikamente aufzutreiben gewesen wären, hätte er vielleicht überlebt, aber in jenen letzten Wochen war das nicht einmal mehr auf dem Schwarzmarkt möglich. Ich verbrachte den Sommer mit Lernen, um im Herbst ins französische Lycée überwechseln zu können.

Für den Geschmack meiner Großmutter Rose war ich zu wild und ungebärdig. Mein Bruder, den ich seit acht Jahren nicht gesehen hatte, behandelte mich wie einen Eindringling. Natürlich war er wütend, weil ich mich in Kairo amüsiert hatte, während er unter der deutschen Besatzung hatte leiden müssen. Unter anderem hatte er befürchten müssen, von den Nazis verhaftet und ins Konzentrationslager geschickt zu werden. Da er einen ägyptischen Pass besaß und Ägypten ein heimlicher Verbündeter der Deutschen gewesen war, hatte er den gelben Stern nicht getragen, der für die Juden Vorschrift war.

Später erfuhr ich, dass meine Großeltern von den Deutschen nicht belästigt wurden, weil mein Großvater im Alter von achtzehn Jahren seinen Namen in Bémant geändert und nie jemandem verraten hatte, dass er Jude war. In dem Haus, wo er mit meiner Großmutter und Eddy lebte, hielt jeder sie für Katholiken, einschließlich der Concierge. Ein Glücksfall, denn während der Okkupation waren es meistens die Concierges, die Mieter bei den Deutschen denunzierten.

Ich vermisste Ahmet und Aishe, ich vermisste das Essen, den Sonnenschein und vor allem meine ägyptischen Großeltern und ihr großes Haus. In diesem Winter verließ meine Mutter Paris und kehrte nach Kairo zurück, mit dem Versprechen, dass ich den folgenden Sommer wieder am Strand von Marsa Matruk verbringen dürfte.

Den ganzen Winter versuchte ich, mich in *une jeune fille de bonne famille* zu verwandeln, in ein Mädchen aus gutem Hause, wie sich meine Großmutter Rose das vorstellte. Mein ägyptischer Akzent verschwand. Ich lernte, meine Locken zu bändigen, auf hohen Absätzen zu gehen und mich elegant zu kleiden. Außerdem erfuhr ich einiges über die französische Cuisine und lernte, wie man eine Artischocke angemessen manierlich verzehrt. Ich entdeckte *Gigot d'agneau, Haricots verts* und *Morelles*. Doch wenn ich eine Entengalantine aß, fühlte ich mich immer noch in Ahmets Küche zurückversetzt und wurde sehr traurig.

Obwohl ich mich in Ägypten oft einsam gefühlt hatte, gab es immer Trubel, Familiengelächter, eine liebevolle Großmutter. Unser Haus in Paris war dunkel und still, meine Großmutter Rose ermunterte mich nie, Freunde mit nach Hause zu bringen, und zwei Jahre lang durfte ich nicht alleine ausgehen.

In dem Sommer, der meiner Rückkehr nach Paris folgte, sagte man mir, ich würde die Familie meiner Mutter nach Südfrankreich begleiten und nicht wie versprochen nach Alexandria zurückkehren. Meine französische Großmutter, meine Mutter (die für kurze Zeit aus Kairo zurückgekommen war), mein Bruder und ich ließen uns in Cannes in einem weit vom Strand entfernten Hotel nieder. Wie sollte ich hier barfuß herumrennen und essen, was und wann ich wollte. Ich hasste den Sommer 1948. Ich vermisste das Lachen und die wundervolle, ansteckende Lebensfreude meiner ägyptischen Familie.

Doch ich sollte meine ägyptischen Großeltern nie wieder sehen. Mein Großvater Vita starb 1955 und meine

Großmutter Marguerite kurz danach. Damals ahnte ich nicht, dass es fünfundzwanzig Jahre dauern würde, ehe ich in mein geliebtes Kairo zurückkehren würde.

8
DIE RÜCKKEHR

Die nächsten sechs Jahre verbrachte ich bei meiner Großmutter mütterlicherseits in der Avenue de la Grande Armée in Paris, die ich mit fünf Jahren verlassen hatte. 1955, mit dreiundzwanzig Jahren, zog ich aus, um zu heiraten. Mein Großvater James war 1945, im letzten Kriegsjahr, gestorben, und nachdem meine Mutter ein paar Monate in Paris verbracht hatte, beschloss sie, nach Ägypten zurückzukehren. Sie verstand sich nicht mit ihrer Mutter, und der Alltag mit seinen Problemen verursachte ihr zu viel Stress. Also verließ sie mich wieder einmal, und ich teilte mir die große Wohnung mit meiner Großmutter Rose und meinem Bruder. In seinem Zimmer – das als Junggesellenzimmer bezeichnet wurde, weil es einen separaten Eingang hatte – konnte er diskret Besuch empfangen und wieder verabschieden. Im krassen Gegensatz zu meinem luftigen, schlicht möblierten Zimmer in Kairo war mein Pariser Zimmer überladen, mit einem schweren Himmelbett, Seidenvorhängen, einer Chaiselongue und schmalen Fenstern, durch die ich den Arc de Triomphe sehen konnte. Um meiner ziemlich strengen Großmutter aus dem Weg zu gehen, hielt ich mich die meiste Zeit im Arbeitszimmer meines Großvaters auf – entweder rollte ich mich mit einem Buch in einem seiner tiefen Ledersessel zusammen oder ich setzte mich an seinen soliden, geschnitzten Mahagonischreibtisch und machte meine Hausaufgaben.

In diesem Herbst wurde ich fünfzehn und man meldete mich im Lycée la Fontaine an, einem neuen, modernen Gymnasium in der Nähe des Bois de Boulogne – und eines Freibads von olympischen Ausmaßen. Wenn ich mich deprimiert fühlte, schwänzte ich die Schule und ging schwimmen. Vom ersten Schultag an hatte ich den Spitznamen *l'Egytienne* (die Ägypterin), was mich zutiefst verletzte, denn ich wollte unbedingt dazugehören. Obwohl ich meine ägyptischen Großeltern und unser Leben in Kairo schrecklich vermisste, bemühte ich mich, so schnell wie möglich Französin zu werden. Nicht halb Französin, halb Ägypterin, nein, ich wollte unbedingt ganz sein. Also legte ich meinen Akzent ebenso ab wie einige überflüssige Pfunde und trug genau wie alle anderen Mädchen in meiner Klasse ein dunkelblaues Kleid mit einem weißen Kragen. Ich fuhr Fahrrad, aß zum Mittagessen ein *Sandwich au jambon* und diskutierte mit meinen Freunden stundenlang über Sartre und Simone de Beauvoir. Über Essen – meine Leidenschaft – sprach ich nie, auch nicht über meine Zeit in Ägypten, vor allem nicht, wenn mein Bruder in der Nähe war. Er verabscheute die «privilegierte» Kindheit, die ich genossen hatte, während er mit der deutschen Besatzung hatte zurechtkommen müssen, mit Lebensmittelknappheit und der ständigen Angst, von den Nazis eingesperrt zu werden. Sowohl er als auch meine Großmutter sahen mich kühl an und meinten: «Du verstehst überhaupt nichts. Du warst nicht hier.» Ich hatte ein schlechtes Gewissen, weil ich weg gewesen war, und ich schämte mich, dass ich katholisch geworden war; in den Augen der beiden anderen war das der größte Verrat. Aber wie sollte ich vier Jahre meines Lebens einfach ausradieren und so tun, als hätte sie es nie gegeben? Ich versuchte es, versteckte mein Messbuch, ging nie in die Kirche und heuchelte Interesse an der jüdischen Geschichte. Aber die meiste Zeit über ging es mir schlecht. Bis heute weiß ich nicht, was ich nun eigentlich bin. Ich spüre eine große Ambivalenz gegenüber beiden Religionen. Seit Jahren war ich nicht mehr in der Kirche. Ich fühle mich nicht als Jüdin, habe aber das Bedürfnis, alles Jüdische in Schutz zu nehmen. Manchmal denke ich, dass ich meine Kinder enttäuscht habe, weil ich ihnen die gleiche Ambivalenz dem Judentum gegenüber vermittelt habe.

In den ersten beiden Jahren, die ich in Paris wohnte, fühlte ich mich eigentlich nur wohl, wenn ich bei Georgette in der Küche sein konnte. Obwohl sich viel verändert hatte, war Georgette immer noch die Herrscherin der Küche, und der Duft ihrer Kochkünste bezauberte und faszinierte mich. Es roch allerdings ganz anders als bei Ahmet: An Stelle von Kumin und Kardamom lagen Knoblauch und Petersilie in der Luft, frisches Basilikum und Wein. Jetzt, da Georgette nicht nur Köchin, sondern nebenbei auch Dienstmädchen und Chauffeurin war, erlaubte mir meine Großmutter, Georgette nach der Schule in der Küche zu helfen – sie ermunterte mich sogar dazu. (War ich plötzlich keine *fille de bonne famille* mehr?) Die Ausbeute des morgendlichen Marktbesuchs wurde auf einen emaillierten Küchentisch gepackt, der meistens von einem karierten Wachstuch bedeckt war. Während ich die grünen Bohnen putzte oder Kartoffeln schälte, erzählte mir Georgette von den Kriegsjahren, in denen sie mehrere Kilometer täglich mit dem Fahrrad zurückgelegt hatte, um bei ihrem Bruder, der außerhalb von Paris wohnte, Lebensmittel für unsere Familie zu besorgen. Sie erklärte mir, dass sie bei meinen Großeltern geblieben war, weil sie meinen Großvater so sehr geliebt hatte. Er hatte sie mit sechzehn eingestellt und immer dafür gesorgt, dass meine Großmutter sie nicht herumkommandierte. «Habe ich dir erzählt, dass er mich wieder auf die Schule schicken wollte? Ich habe abgelehnt, weil ich Angst hatte. Jetzt bereue ich es! Aber dein Großvater, dieser liebe Mensch, hat mir immer Bücher zum Lesen gegeben.»

Georgette hätte gern geheiratet, aber sie wollte meine Großeltern im Krieg nicht verlassen, und jetzt war sie zu alt. Ich revanchierte mich für ihre Geschichten mit Erzählungen von Aishe und Ahmet, von dem Mangobaum vor

TOMATENSALAT II

4 reife Tomaten schälen und in Scheiben schneiden. In eine Salatschüssel geben.

1 klein geschnittene Schalotte, 1 Esslöffel klein gehackten frischen Estragon, 1 Esslöffel klein gehackten Schnittlauch, 1 Esslöffel frischen Zitronensaft, 2½ Esslöffel Olivenöl, Salz und Pfeffer vermischen. Mit dem Schneebesen schlagen, bis alles glatt verrührt ist, und über die Tomaten gießen. Vermengen und servieren. Ergibt 4 Portionen.

meinem Fenster und von meinem Aufenthalt im Kloster. Während wir plauderten, lernte ich ganz nebenbei, wie man eine perfekte Vinaigrette herstellt, selbst Mayonnaise anrührt, Mehlschwitze ohne ein einziges Klümpchen macht, papierdünne Crêpes bäckt – kurz, die Grundlagen der französischen Küche. Mir wurde das erst klar, als meine Großmutter, die mir nie Komplimente machte, eines Tages widerwillig zugab, dass sie noch nie einen so guten Tomatensalat wie meinen gegessen hatte.

Kurz vor seinem Tod hatte mein Vater Treuhänder eingesetzt, die sich um mich und meinen Bruder kümmern sollten. Außerdem ernannte er seinen jüngeren Bruder Clément zu meinem Vormund. Während des Krieges waren meine ägyptischen Großeltern für mich verantwortlich, aber als ich nach Paris kam, übernahm mein Onkel diese Funktion. Er war ein charmanter Junggeselle, hatte aber nicht die geringste Ahnung, wie man sich um ein Mädchen im Teenageralter kümmert. Jedes Mal, wenn ich erwähnte, wie unglücklich ich bei meiner Großmutter war und wie gern ich nach Ägypten zurück wollte, drückte er mir ein Bündel Francscheine in die Hand und sagte: *«Tiens, va t'amuser. Achète-toi une jolie robe.»* («Hier, amüsier dich. Kauf dir was Schönes zum Anziehen.») Ich nahm das Geld und versteckte es hinten in meinem Tagebuch, denn ich plante, nach Ägypten durchzubrennen, sobald ich achtzehn war. Leider gab ich das Geld aber dann doch irgendwann aus, kaufte mir etwas Nettes und sparte letzten Endes kaum etwas.

1948, als ich sechzehn wurde, änderte sich alles. Im Juni bekam Georgette eine Grippe, die sich zu einer Lungenentzündung auswuchs. Innerhalb von drei Wochen war sie tot. Ich wusste nicht, wie ich ihren Tod überleben sollte. Georgette war der einzige Mensch gewesen, der mir Zuneigung entgegenbrachte. Ich war fest überzeugt, dass sich nie wieder jemand meine Geschichten anhören oder mich trösten würde, wenn ich mich niedergeschlagen fühlte. Tagelang sprach ich kaum ein Wort; wochenlang verharrte ich in meinen morbiden Gedanken.

Anfang Juli kam der jüngste Sohn einer amerikanischen Freundin meiner Großmutter für ein paar Tage zu Besuch, und meine Großmutter übertrug mir die Aufgabe, ihm Paris zu zeigen. James war groß, sah gut aus und war wesentlich älter als ich (einundzwanzig erschien mir damals steinalt), außerdem hatte er eine unwiderstehliche braune Haarlocke, die ihm über die Stirn und das rechte Auge fiel. Er war begeistert von Paris, so hingerissen, wie ich noch keinen Besucher erlebt hatte. Den ganzen Tag streifte er durch die Straßen, einen Skizzenblock unter dem Arm, scheinbar ohne mich wahrzunehmen. Da seine Beine doppelt so lang waren wie meine, hatte ich Mühe, mit ihm Schritt zu halten. Vor einer Kirche oder auf einem kleinen Platz machte er Halt und begann zu zeichnen. Wir sprachen sehr wenig miteinander; ich hatte Hemmungen, Englisch zu reden, er konnte kein Französisch. Nach einer Woche war ich unsterblich verliebt, und er gestand mir Jahre später, dass ich ihm bereits am ersten Abend den Kopf verdreht hatte, weil ich ihm den besten Tomatensalat vorsetzte, den er je gegessen hatte.

Als er wegfuhr, um seine Rundreise durch Frankreich, Schweden und Italien fortzusetzen, war ich am Boden zerstört. Ich dachte, ich würde ihn nie wieder sehen. Meine Großmutter, die von meinem Kummer ehrlich gerührt

ROCHEN MIT PAPRIKA

Der Rochen sollte vom Fischverkäufer filetiert und gehäutet werden, außerdem sollte man nach Möglichkeit im Laden auch Fischbrühe kaufen können.

2 rote Paprika und 2 grüne Paprika in 1½ cm breite Streifen schneiden. In einer großen Bratpfanne 1 Esslöffel Olivenöl erhitzen und 1 klein gehackte Knoblauchzehe 1 Minute darin anbraten. Die Paprika dazugeben und 4 Minuten sautieren, dabei mit einem Holzlöffel umrühren. Mit Salz und Pfeffer und 2 Esslöffeln frischem Oregano abschmecken. Pfanne beiseite stellen.

3 Pfund Rochen-Filet in eine große Bratpfanne geben. Mit kochender Fischbrühe aufgießen, sodass alles bedeckt ist. Zum Kochen bringen und 8 Minuten köcheln lassen. Den Fisch mit einem Bratenwender herausholen und auf die Paprika legen. Alles erhitzen.

Den Fisch und die Paprika auf eine Platte geben. Mit 2 Esslöffeln Kapern und 1 Dose gerollter Sardellen belegen, mit 2 Esslöffeln klein gehackter frischer Petersilie garnieren und servieren. Ergibt 4 bis 6 Portionen.

war, nahm mich mit nach Hendaye, einer kleinen Stadt an der Atlantikküste; der Strand erinnerte mich an Alexandria. Ich mochte die kleine *Auberge* mit Aussicht aufs Meer und das exzellente baskische Essen, das man dort bekam: mit Tomaten und Pepperoni sautierten Rochen, in der eigenen Tinte gekochten Tintenfisch, herzhafte Bohnensuppe, ein Frikassee aus Fenchel. Doch nicht einmal meine Freude an gutem Essen konnte meinen Schmerz lindern,

BOHNENSUPPE

1 Tasse getrocknete weiße Bohnen mit Wasser bedeckt über Nacht einweichen.

Die Bohnen abgießen; 2 Nelken in 1 Zwiebel stecken und mit den Bohnen, 6 zerdrückten Knoblauchzehen und 8 Tassen Hühnerbrühe in einen großen Topf geben. Zum Kochen bringen, Hitze herunterstellen und 2 Stunden – oder bis die Bohnen weich sind – kochen.

½ Tasse geschälte, entkernte und in Würfel geschnittene Tomaten, ½ Tasse klein gehackte frische Petersilie, ½ Tasse klein gehackten Salbei und Thymian, ¼ Tasse Olivenöl, ½ Pfund in Würfel geschnittene Chorizo (spanische Wurst), Salz und Pfeffer hinzufügen. 8 Minuten kochen.

Auf 6 Suppenteller verteilen und mit getoasteten Croutons garnieren.

und ich trauerte weiterhin meinem jungen Amerikaner nach, sehr zum Leidwesen und zum Ärger meiner Großmutter. Am Ende unserer ersten Woche, gerade als meine Mundwinkel sich für immer nach unten zu ziehen drohten, erhielt ich ein Telegramm. James hatte den Entschluss gefasst, seine Reise abzubrechen und sich uns in Hendaye anzuschließen. Die nächsten drei Wochen waren wie aus einem viktorianischen Roman. Wir waren unzertrennlich und sehr geschickt darin, dem missbilligenden – und beinahe allwissenden – Auge meiner Großmutter zu entgehen. James machte mir einen Heiratsantrag und ich nahm

FENCHEL-FRIKASSEE

4 Fenchelknollen waschen, putzen und vierteln.

4 Esslöffel Butter in einem Topf erhitzen. ¼ Pfund geschälte Perlzwiebeln und ¼ Pfund Schinkenwürfel hinzufügen. Bei mittlerer Hitze braten, bis der Schinkenspeck knusprig ist. Mit einem Bratenwender aus dem Topf nehmen und beiseite legen. Den Fenchel in den Topf geben und 5 Minuten anbraten. Den Schinkenspeck und die Zwiebeln ebenfalls wieder hineingeben, Hitze herunterstellen und 10 Minuten köcheln lassen.

¼ Tasse Olivenöl in einer großen Bratpfanne erhitzen. 6 kleine geschälte und in Viertel geschnittene Kartoffeln hineingeben und 10 Minuten sautieren. Die Fenchelmischung dazugeben und mit Salz und Pfeffer abschmecken. Mit ½ Tasse Hühnerbrühe aufgießen und 20 Minuten – oder bis die Kartoffeln weich sind – köcheln lassen. 1½ Esslöffel klein geschnittenen frischen Rosmarin darüber streuen. Ergibt 6 Portionen.

ihn an. Als naive Sechzehnjährige platzte ich damit natürlich vor der Person heraus, die am wenigsten Vertrauen in meine persönliche Reife hatte – vor meiner Großmutter. Augenblicklich forderte sie James auf zu gehen, und all mein Schimpfen änderte nichts an ihrer – von meinem Vormund-Onkel ebenfalls vertretenen – Meinung zu diesem *Scandale*. James versprach mir ganz fest, er werde zurückkommen, sobald er das College und sein Architekturstudium abgeschlossen hatte, und dieser Schwur hielt mich die nächsten sechs Jahre über Wasser. 1955 heirateten wir und ich verließ Frankreich endgültig.

In New York City war es eindeutig von Vorteil, Französin zu sein. Meine ägyptische «Hälfte» machte mich für die Amerikaner, die gerade erst anfingen, sich für fremde Dinge zu interessieren, noch fremdartiger. Zum ersten Mal seit fünf Jahren konnte ich offen über meine Zeit in Kairo sprechen. James und ich ließen uns in einem alten Stadthaus nieder. Die enge, kombüsenartige Küche wurde meine unumstrittene Domäne; ich war keine Besucherin mehr, die in der Küche nur am Rande geduldet wurde.

Anfangs fand ich das Einkaufen jedoch ziemlich vertrackt und anstrengend. Ich erkannte kein einziges Fleischstück, das im Supermarkt angeboten wurde, alles war in Plastik verpackt, und der einzige Salat, den ich finden konnte, war Eisbergsalat. Genauso entsetzt war ich über die Mahlzeiten, die mir bei Einladungen von anderen Leuten vorgesetzt wurden: geraspelte Karotten in zitterndem Wackelpudding, mit braunem Zucker und Ananasstückchen aus der Dose überzogener Schinken, überzüchtetes und völlig verkochtes Gemüse, mit Dosenthunfisch und Mayonnaise aus dem Glas vermischte Nudeln. Statt eines richtigen Mittagessens, wie ich es gewohnt war, gab es Sandwiches mit glibbrigem, gummiartigem Schnittlauchfrischkäse, den ich verabscheute – und bis heute hasse. In ganz kurzer Zeit nahm ich gewaltig ab – bis ich Hamburger entdeckte, die ich köstlich fand. Am meisten zu schaffen machte mir das weiße, weiche, absolut geschmacksneutrale Packungsbrot, das überall in der Gegend feilgeboten wurde. Doch das änderte sich, als ich die Gegenden entdeckte, in denen die Immigranten wohnten: die Lower East Side, Little

Italy und die Bleeker Street in Greenwich Village. Jede dieser Nachbarschaften war auf ihre eigene Art ein kulturelles Juwel in einer Stadt, in die ich mich zusehends verliebte.

Als ich entdeckte, dass es in New York sogar richtige Metzgereien gab, versuchte ich, ein paar von den Gerichten nachzukochen, die ich Georgette in Paris hatte zubereiten sehen. Sonntags servierte ich gebratene Lammkeule, medium, mit Knoblauchscheiben besteckt und mit frischen Kräutern bestreut. Ich machte Quiche, Käsesoufflé, Lammeintopf, Steak mit original französischen Pommes frites und Kirschfondant. In einem jüdischen Milchgeschäft kaufte ich frische Butter und frischen Hüttenkäse und kredenzte meinen Gästen leckere Mousse au chocolat und delikate Obsttörtchen. Ich rief sogar in Paris an, um herauszufinden, wie man selbst Crème fraîche herstellen konnte. Zwar schockierten mich die amerikanischen Essgewohnheiten nach wie vor, aber ich freundete mich mit Ofenkartoffeln an, mit gedünstetem Hummer, mit Muschelsuppe, gegrillten Spareribs und Eiscremeriegeln.

Als ich anfing, in der Atlantic Avenue von Brooklyn einzukaufen, einer breiten, von syrischen und libanesischen Lebensmittelgeschäften und Restaurants gesäumten Straße, hatte ich endgültig das Gefühl, in New York eine Heimat gefunden zu haben. Als ich zum ersten Mal einen solchen Laden betrat, fühlte ich mich zurückversetzt nach Kairo, mitten in eine Erinnerung daran, wie ich mit Ahmet für das abendliche Dinner eingekauft hatte. Hier gab es große Tonnen mit getrockneten Bohnen, kleinen grünen Linsen, halben Erbsen, *Ful medames*, allen möglichen Oliven, konservierten Zitronen, eingelegten Zwiebeln und *Torchi* (in Lake und Rote-Beete-Saft eingelegte weiße Rüben). Ich starrte auf die Stapel Pitabrot, Kashkaval-Käse und Platten aus getrockneter Aprikosenpaste, die meine Schulkameraden und ich, wenn es in Kairo besonders heiß wurde, um ein Stück Eis legten und lutschten. Der Eigentümer des Ladens begrüßte mich auf Arabisch und zu meiner eigenen Überraschung antwortete ich ihm auf gleiche Weise – dabei hatte ich jahrelang kein Arabisch mehr gesprochen. An diesem Tag kaufte ich von allem etwas, aber als ich in meine Küche zurückkam, wurde mir klar, dass ich eigentlich gar nicht wusste, wie man die Gerichte meiner Kindheit zubereitete. Ich versuchte, mich in Ahmet zu verwandeln, aber der *Ful* wurde breiig, die *Mulukhiyya*-Suppe wässrig und fad, die *Tehina* in Konsis-

GEBRATENE LAMMKEULE

Von einer 5½ Pfund schweren Lammkeule überschüssiges Fett entfernen. 4 Knoblauchzehen in Scheiben schneiden, mit einer Messerspitze tiefe Löcher in das Fleisch stechen und die Knoblauchscheiben hineinstecken. Gut mit Salz und Pfeffer würzen und in einen Bräter legen. 2 Esslöffel klein gehackten frischen Estragon darüber streuen und 4 Esslöffel Butterflöckchen darauf verteilen. ½ Tasse Wasser in den Bräter geben und in den auf 175°C vorgeheizten Backofen schieben. Soll die Keule nur schwach durchgebraten sein, 15 Minuten pro Pfund braten, für medium 20 Minuten pro Pfund. Mit Ihren Lieblingskartoffeln (für mich sind das *Pommes Anna*) und Salat servieren. Reicht für 6 bis 8 Portionen.

tenz und Geschmack wie Zement. Also ging ich zurück in die Atlantic Avenue und sprach mit den Ladeninhabern und Restaurantköchen. Ich notierte Rezepte, ich experimentierte – und nach wenigen Wochen servierte ich mein erstes echt ägyptisches Menü: cremige *Tehina* mit geröstetem Pitabrot; mit Lammgeschnetzeltem und Reis gefüllte Weinblätter, dazu Joghurt; *Mulukhiyya* mit Reis; gegrillte Täubchen mit Okra und Tomaten; zum Nachtisch *Baklava*. Zu meiner großen Erleichterung schmeckte es mei-

KIRSCHFONDANT

4 große Eier trennen und 1 Pfund Kirschen entsteinen.

Die Eigelbe mit 1 Tasse Zucker und ½ Teelöffel Zimt in einen Mixer geben und 1 Minute verarbeiten.

1 Pfund Butter in Stücke schneiden. 1 Esslöffel für die Form aufheben, den Rest schmelzen. Mit laufendem Mixer die geschmolzene Butter in die Eigelbmischung geben. 1¾ Tassen Mehl hinzufügen und 30 Sekunden mitrühren. Den Teig in eine Schüssel geben.

Eiweiß mit einer Prise Salz steif schlagen. Eischnee vorsichtig unter den Teig heben. Eine 1-Liter-Form mit Butter einfetten und den Teig hineinfüllen. Die Kirschen darauf legen und etwa 40 Minuten im auf 190 °C vorgeheizten Backofen backen, bis man ein Messer hineinstecken und sauber wieder herausziehen kann.

Auf einem Gitter abkühlen lassen, aus der Form nehmen und bei Zimmertemperatur servieren. Reicht für 6 Portionen.

nen Kindern, und von nun an kochte ich einmal im Monat ägyptisch. Und ich erzählte ihnen Gute-Nacht-Geschichten von meinen Abenteuern in Kairo. Am besten gefiel ihnen, wenn ich ihnen erzählte, dass ich die Ur-Urenkelin einer Prinzessin sei. Ich war der Ansicht, dass so eine kleine Flunkerei keinen Schaden anrichten konnte.

Meine Tochter Marianne fand, dass sie meiner ägyptischen Großmutter ähnlich sah (was der Wahrheit entspricht), und übernahm den gesamten Aberglauben von Grandmaman; mein Sohn Thomas fand sich mit seinen Locken ab und nannte sie sein «arabisches Erbe». Juliette liebte das ägyptische Essen und begann sich ernsthaft für den Nahen Osten zu interessieren. Cecile beschloss, sich für die Halloween-Party in der Schule als ägyptische Prinzessin zu verkleiden. Endlich war Ägypten wieder ein Teil meines Lebens.

Im Lauf der Jahre wurde mein Wunsch, Ägypten noch einmal zu besuchen, immer größer. Außerdem begann ich, mein Gedächtnis in Frage zu stellen. War das Haus wirklich so gewesen, wie ich mich daran erinnerte? Existierte der Mangobaum tatsächlich? Konnte man die Spannung der kulturellen Unterschiede in den Straßen von Kairo spüren? In der Kochkunst? Bei den Einwohnern? Meine ägyptischen Verwandten waren vor langer Zeit nach Paris zurückgekehrt, sie wichen meinen Fragen aus, ihre Antworten blieben vage. Schließlich hatten sie in der Revolution von 1952, als der König verjagt und Ägypten zur Republik erklärt worden war, ihren Besitz verloren; für sie war Ägypten keine Heimat, kein Zufluchtsort mehr. Sie beharrten darauf, dass ihre Kinder und Enkel Franzosen waren, und rieten mir, die Vergangenheit ruhen zu lassen. *«Laisse tomber!»* («Lass das Thema fallen!») lautete ihr oft wiederholter Rat. Meine Mutter, die uns 1965 nach New York gefolgt war, bot keine Hilfe, sondern schwärmte lieber von ihrer frühen Zeit als Pariser *Ingénue*. Je mehr sie die Vergangenheit verdrängten, desto größer wurde mein Wunsch, nach Ägypten zurückzukehren.

1979 bekam mein Mann von den Vereinten Nationen den Auftrag, bei der Planung der neuen Hauptstadt von Tansania mitzuwirken. Er sollte einige Monate dort verbringen, konnte seine Familie jedoch mitnehmen. Da Kairo auf dem Weg lag, bot mir mein Mann an, dort mit mir Zwischenstation zu machen. Ich beschloss, dass mein Sohn Thomas, der damals elf war, uns begleiten sollte, denn seine Schwestern besuchten bereits das College.

So landeten wir auf dem quirligen, staubigen Flugplatz von Kairo und suchten uns ein Taxi. Ich bat mir aus, dass wir als Erstes nicht im Hotel, sondern am Haus meiner Kindheit Halt machten, und gab dem Fahrer die Adresse in der Ismail-Pasha-Straße. Als er vor einem Haus anhielt und darauf deutete, kamen mir die Tränen. «Nein, nein … das ist es nicht. Es ist ein großes Haus mit einem Mangobaum im Garten. Wo ist das Tor mit den großen Messing-Ps?» Mein Mann unterbrach meinen Wortschwall und gab zu bedenken, dass ich mich vielleicht irrte, dass ich mich falsch erinnerte. Womöglich war das Haus ja nur in meiner Erinnerung so groß. Aber ich hörte nicht auf ihn und versicherte dem Fahrer, dies sei weder meine Straße noch mein Haus, er solle uns zum Hotel zurückfahren. Ich war untröstlich und konnte die ganze Nacht nicht schlafen. Sollte ich mich wirklich dermaßen irren? Hatte ich diese

Bilder nur erfunden, die mich heimsuchten und mein Herz mit brennender Nostalgie erfüllten?

Gegen sieben am nächsten Morgen weckte uns ein Telefonanruf. Es war der Taxifahrer vom Abend zuvor. Er platzte fast vor Aufregung: Er hatte das Haus gefunden! Rasch zogen wir uns an und fuhren mit ihm los. Und da war es tatsächlich, mit dem Tor, dem Mangobaum, der großen Terrasse. Als wir klingelten, öffnete uns ein großer Mann in einer Galabeyya und mit einem Turban auf dem Kopf. Es war Ahmets Sohn; er wohnte hier als Verwalter der Bank, die das Haus gekauft hatte. Zwar konnte ich mit ihm Erinnerungen an Ahmet austauschen, aber die Bank verweigerte mir die Genehmigung, mein altes Haus zu besichtigen. Ich war bitter enttäuscht, doch immerhin konnten Thomas und mein Mann jetzt meinen anderen Kindern die gute Nachricht übermitteln, dass die Geschichten ihrer Mutter nicht erfunden waren!

Wir verbrachten nur drei Tage in Kairo, aßen Eis bei Groppi, das längst nicht so elegant war, wie ich es in Erinnerung hatte, wanderten durch die Stadt der Toten, um die Gräber zu besichtigen, aßen *Ful* und *Lokoumadis* vom Straßenverkäufer und gegrillte Täubchen und gefüllte Weinblätter im Restaurant. Wir tranken Mangosaft, schlürften süßen Zitronensaft und kauten Zuckerrohr. Am zweiten Abend fuhren wir zu den Pyramiden und suchten das Dorf, in dem mein Großvater immer die Kamele gemietet hatte. Durch einen reinen Zufall fanden wir es und tatsächlich vermietete die gleiche Familie immer noch Kamele. So galoppierten wir in die Wüste hinaus zur Sphinx, unter einem Sternenhimmel, der Thomas mit der gleichen Ehrfurcht erfüllte, die mich damals als Zehnjährige gepackt hatte. Wir waren winzige Menschlein, verloren unter einem endlosen schwarzen Himmel voller Geheimnisse.

Wenn ich jetzt an die verlorenen Tage in Ägypten denke, bin ich froh und fühle mich sicher in meinen Erinnerungen. Wenn ich meiner Tochter Juliette dabei zusehe, wie sie in der Küche sitzt und Weinblätter einrollt, erinnere ich mich gern an mich selbst: das kleine Mädchen mit den lockigen Haaren, das auf einem Hocker sitzt und Ahmet dabei zuschaut, wie er dasselbe macht. Und die Bande sind nicht abgerissen: Mein Sohn Thomas kauft in der Atlantic Avenue ein. Meine Tochter Cecile, die in Berlin wohnt, ruft mich in New York an, um mich nach ägyptischen Rezepten zu fragen. Heute liebt mein Enkelsohn Matthew den *Ful* ebenso sehr, wie ich es immer getan habe, und er findet *Mulukhiyya* «cool».

1997 machte meine Tochter Juliette, die als Reporterin arbeitet, ein Interview mit einem berühmten Milliardär in Kairo und fragte mich, ob ich sie begleiten wolle. Ich war sofort Feuer und Flamme. Wir quartierten uns im Nile Hilton ein, einem neuen Hotel mit Blick über den Nil. Als ich an meinem Fenster stand, spürte ich plötzlich einen Stich in meinem Herzen. Da draußen sah ich moderne Gebäude mit zwanzig Stockwerken, Hochstraßen, Überführungen und in der Ferne Motorboote, die über den Nil flitzten. War es ein Fehler gewesen herzukommen? Das Kairo, das ich kannte, war verschwunden. Jetzt lag vor mir eine moderne Metropole mit allen Problemen einer zu schnell gewachsenen Großstadt in der dritten Welt. Es gab mehr Frauen, die ein Kopftuch trugen, aber andererseits sah ich, als ich im Hotelrestaurant beim Pool saß, auch Frauen, die in der Öffentlichkeit die *Chichah*

(Wasserpfeife) rauchten, was in meiner Jugend undenkbar gewesen wäre.

Am nächsten Tag nahm ich mit Juliette ein Taxi und bat den Fahrer, uns in die Ismail-Pasha-Straße in der Garden City zu bringen. Zwanzig Minuten lang wanderten wir durch eine Gegend, die ich nicht wieder erkannte. Wir fragten Portiers, Polizisten und Passanten, aber niemand wusste, wo die Straße lag. Ich war enttäuscht und fing an mich zu ärgern, dass ich nach Kairo gekommen war. Später am Nachmittag besuchten wir den Khan-al-Khalili-Markt. Dort konnte ich wenigstens durch die Straßen laufen und einen Geschmack von meinem alten Kairo wiederfinden. Wir aßen *Ta'miyya* mit Pickles, schlenderten durch die Straße mit den Juwelieren und erkundigten uns nach dem Preis goldener Armreifen, wie mein Großvater es immer gemacht hatte, wenn mein Geburtstag bevorstand.

Am Abend fragte ich den Concierge aus einer plötzlichen Eingebung heraus, ob er ein Restaurant namens Aboushakra kannte. «Das ist eine Kette», antwortete er, «aber das Original liegt nicht weit vom Hotel.» So machten wir uns zu Fuß auf den Weg, zwischen Taxis und Privatwagen mit unablässig plärrenden Hupen, unter den Hunderten von Neonschildern, die für japanische Elektronikwaren warben. Doch das Aboushakra hatte sich seit fünfzig Jahren nicht verändert. Doch, ein wenig: Die Beleuchtung und die Reklametafeln an der Wand waren anders. Als wir das Restaurant betraten, sah ich einen riesigen Holzkohleofen, in dem eine Unmenge winziger Täubchen brutzelte. Der Raum war hässlicher, als ich ihn in Erinnerung hatte, mit schmutzig rosa Wänden und Neonlicht; auf den

Tischen standen Plastikkörbe mit getoastetem Pitabrot. Wir bestellten Täubchen, *Tehina*, Weinblätter, *Hummus* und Tomatensalat mit Pickles. Die Täubchen mit Kumin, Knoblauch und Limette schmeckten köstlich. Wir aßen sie mit den Fingern und lachten, wenn wir auf unsere Teller sahen. So gut wie keine Knochen waren übrig, wir hatten alles weich gekaut.

Am nächsten Tag rief ich eine befreundete Journalistin an, die seit zwanzig Jahren in Kairo lebte. Wusste sie vielleicht, wo die Sharia Ismail Pasha war? Sie wusste es nicht, aber sie hatte einen Freund, der die Altstadt für die Regierung vermaß. Am nächsten Tag fuhren wir zu Salim Ibrahims Büro. Salim, ein großer Mann, dessen Schnurrbart an den Enden nach oben gezwirbelt war wie bei meinem Großvater, begrüßte mich herzlich und freute sich, dass ich mich für das alte Kairo interessierte. «Als Sie jung waren», sagte er, «war Kairo wunderschön und in der Garden City gab es prächtige Villen. Jetzt ist die Hälfte abgerissen und durch große hässliche Gebäude ersetzt worden. Die vierziger Jahre waren Kairos Blütezeit.» Er machte eine kurze Pause und fragte mich dann mit einem traurigen Lächeln: «Haben Sie die Pyramiden gesehen? Sie sind eingezäunt und man muss Eintritt bezahlen. Stellen Sie sich das nur vor … man muss sich ein Ticket kaufen, um zu ihnen zu kommen! Die Pyramiden gehören doch den Ägyptern!» Dann holte Salim ein paar alte Karten von Kairo hervor. «Hier ist die Straße», sagte er und zeigte auf eine kurvige Straße, die am Nil begann, «und das da ist Nummer 22, Ihr Haus. Ich bringe Sie hin.»

Juliette und ich folgten ihm gespannt zu seinem Auto. Mit Hilfe der Karte fand Salim die Straße ganz leicht. Das

Haus war noch da, samt seinem schwarzen Tor, aber die Ps aus Messing fehlten und die Veranda war verglast worden. Im ersten Stock hatte sich eine ägyptische Bank niedergelassen. Als wir den Hof betraten, begrüßte uns ein europäisch gekleideter Wachmann. Salim erklärte, wer ich war, und erkundigte sich, ob der neue Hauseigentümer anwesend sei. Der Wachmann verschwand, um nachzufragen. Ein paar Minuten später wurden wir ins Haus geführt. Die Treppe war genauso elegant, wie ich sie in Erinnerung hatte, nur das große Gemälde meiner Ur-Urgroßmutter fehlte. Als wir die Wohnung im ersten Stock betraten, blieb ich staunend stehen. Hier standen die gleichen Möbel, genauso arrangiert wie damals, als meine Großeltern hier gewohnt hatten – nur auf dem falschen Stockwerk. Als ich meiner Tochter im Flüsterton erklärte, wie alles in meiner Jugend gewesen war, trat der Hauseigentümer, ein Mann von mindestens achtzig Jahren in einem seidenen Morgenmantel, auf uns zu. «Freut mich, Sie kennen zu lernen», sagte er in perfektem Englisch, «ich kannte Ihre Großeltern gut. Ich habe dieses Haus mit allem Inventar für einen Spottpreis gekauft. Kommen Sie, sehen Sie sich den Salon an.» Und da saßen wir dann auf einer weißen, vergoldeten Couch, schlürften starken arabischen Kaffee, umgeben von Sesseln mit Petit-Point-Stickerei, und lauschten dem alten Mann, der uns erzählte, wie preiswert er das Haus bekommen hatte. Ich saß auf demselben weißen Sofa, auf dem ich damals mit fünf Jahren gesessen hatte, um fotografiert zu werden. Ich sah mich um und spürte Bitterkeit in mir aufsteigen, dass nichts aus meiner Vergangenheit wirklich mir gehörte. Ich wünschte mir dieses Sofa so sehr. «Möchten Sie sich den Rest des Hauses anschauen?», fragte der Hausherr. Ich brannte darauf, die Küche in Augenschein zu nehmen. Sie erschien mir kleiner, als ich sie in Erinnerung hatte, und vor allem fehlten die wundervollen Düfte von Ahmets Kochkünsten. Dann bat ich darum, die Schlafzimmer sehen zu dürfen. Wir wurden einen langen Korridor hinuntergeführt, wo Renée und ich oft gespielt hatten, in ein kleines Zimmer mit Aussicht auf den Garten. Als wir auf den Balkon traten, erblickte ich den Mangobaum; reife Früchte hingen an seinen Zweigen. Eine Minute lang stand ich da und dachte an das, was mein Großvater vor Jahren gesagt hatte. «Als du geboren wurdest, habe ich für meine kleine Prinzessin einen Mangobaum gepflanzt.»

Am nächsten Tag folgte ich Salim durch den alten Teil von Kairo zu dem Markt, wo vor Jahren Ahmet und Grandmaman eingekauft hatten. Hier hatte sich wenig verändert. Die Straße war genauso laut und geschäftig wie damals. Der Wassermelonenverkäufer war da und hatte seine Früchte wie üblich hoch auf dem Karren gestapelt. Als ich mich seinem Stand näherte, ergriff er eine Wassermelone, nahm ein Messer, schnitt ein Stück heraus und reichte es mir, aufgespießt auf seinem großen Messer. Ich kaufte die Wassermelone, außerdem Limetten, kleine Bananen, Cherimoyas und Mangos. Wir kamen am Vogelmann vorbei, inmitten seiner Käfige mit den winzigen Täubchen und mageren Hühnchen. Es machte mich überglücklich, über diesen Markt zu gehen. Als wir uns von Salim verabschiedeten, dankte ich ihm und überreichte ihm meine Einkäufe mit den Worten: «Ich wohne im Hotel. Bitte nehmen Sie mir das ab.»

Wir nahmen ein Taxi zum Zamaleck Sportclub. Der

Poolbereich war noch genauso, wie ich ihn in Erinnerung hatte, nur dass keine Frauen im Badeanzug herumlagen. Wie ich erfuhr, waren Frauen nur donnerstags am Pool erlaubt, dann hatten die Männer allerdings keinen Zutritt und mussten anderswo Karten spielen oder ihre Drinks schlürfen. Im Club bekam man noch immer mit Tomaten und Gurken belegte Sandwiches, die Juliette aber ausgesprochen fade fand. «Wie kommt es bloß, dass du die so lecker fandest?», fragte sie mich. Ich konnte ihr die Frage nicht beantworten.

An diesem Abend wurden wir von einem Journalisten, der in Meadi wohnte, zum Essen eingeladen. Der Meadi-Bezirk, einst ein ländliches Idyll für wohlhabende Europäer, war zu einer Mittelschichts-Gegend geworden, mit kleinen Villen und einer Menge eleganter Restaurants. Während wir Pepitas und Pistazien futterten, erzählte ich von meiner Kindheit und den Veränderungen, die mir jetzt auffielen. «Obwohl heute mehr Frauen mit dem Kopftuch herumlaufen», sagte unser Gastgeber, «haben auch viel mehr Frauen einen wichtigen Job und studieren hier oder im Ausland. Wir bemühen uns um Modernisierung, aber wir haben Probleme. Zu viele Menschen ziehen vom Land nach Kairo, deshalb platzt die Stadt aus allen Nähten und die Arbeitslosigkeit ist enorm hoch.» Seine Kinder hatten alle einen Universitätsabschluss und dieselben Sorgen wie Juliette. Ich musste daran denken, dass ich vor vierzig Jahren nur sehr wenig mit meinen neuen französischen Freunden gemeinsam gehabt hatte. Diese jungen Leute wussten alle, was in der Welt los war, sie liebten die gleiche Musik und träumten dieselben Träume.

In den nächsten Tagen gingen wir noch einmal zu Groppi; es sah schäbiger aus denn je, sein einstiger Glanz nur noch in Spuren erkennbar. Wir aßen auf der Straße kleine *Ful*-Sandwiches und besuchten wie normale Touristen alle wichtigen Sehenswürdigkeiten, unter anderem auch die Moschee von Ibn Tallun, die Juliette nach Ansicht meines Mannes auf keinen Fall verpassen durfte.

Dann kehrten wir noch einmal zurück zum Khan-al-Khalili, kauften uns Schlappen und frische Luffaschwämme zum Heimnehmen, Kaffeetassen und Silberdöschen mit schwarzem Khol sowie Holzstäbchen, mit denen ich ihn mir auf die Augenlider auftragen konnte, wie ich es bei meiner Großmutter gesehen hatte. Schließlich machten wir uns, Salims Karte in der Hand, auf die Suche nach dem Kloster des Heiligen Herzens. Als ich Mère de Rousiers vor der Statue Unserer Heiligen Jungfrau von Lourdes umarmte, dachte ich wehmütig an das kleine, einsame, verängstigte Mädchen, das zum ersten Mal dieses Kloster betreten hatte. Damals hatte ich eine Mutter verloren, aber ich hatte immerhin Kairo gehabt, eine Stadt und eine Familie, die mich nährte und mir eine starke Identität vermittelte. Ich sah mich wieder im Krankenzimmer bei meiner sterbenden Mutter, wie ich vergeblich versuchte, das Band zwischen dem kleinen Mädchen und ihrer Mutter zu zerreißen. Noch einmal blickte ich empor zu Unserer Heiligen Jungfrau von Lourdes und sagte dem Waisenmädchen aus Kairo ein letztes Lebewohl. Jetzt war ich bereit, meine Geschichte zu erzählen.

DANKSAGUNG

Ich möchte meinen Kindern danken, die sich all die Jahre meine Geschichten angehört haben und mich schließlich drängten, sie zu veröffentlichen. Ein besonderer Dank gilt meiner ältesten Tochter Marianne, die alle Kapitel sorgfältig durchgelesen und dabei Fragen gestellt und wertvolle Vorschläge gemacht hat. Ein herzlicher Dank geht auch an meine Agentin und Freundin Gloria Loomis, die mich dazu ermuntert hat, dieses Buch zu schreiben, und an meinen Lektor Roy Finamore, der mir vertraut und das Buch wunderbar redigiert hat. Danken möchte ich außerdem meinem Ehemann und Freund James, der mir all die Jahre den Rücken gestärkt hat.

LISTE DER REZEPTE

LISTE DER ABBILDUNGEN: